Einfaches Koreanisch für Anfänger : Komplettes Selbststudium-Programm

MIT INTUITIVEN ILLUSTRATIONEN

AUSSPRACHE | SCHREIBEN | KOREANISCHES ALPHABET
GRAMMATIK | RECHTSSCHREIBUNG | VOKABULAR | PRAXIS-QUIZ

9791188195756

FANDOM MEDIA

INHALTSVERZEICHNIS

Audiodateien finden Sie unter

newampersand.com/koreanisch

Herunterladbare Tonaufnahmen, aufgenommen von einem koreanischen Muttersprachler!

KONSONANTEN & VOKALE

Beginnen wir zunächst mit den Grundlagen! Das koreanische Alphabethensystem, Hangul, hat 14 Konsonanten und 10 Vokale (mit zusätzlichen 5 gespannten Konsonanten und 11 Doppelvokalen).

Achten Sie auf die grau unterlegten Zeichen. Sie sehen so aus, als hätten sie 2 gleiche Grundkonsonanten (d.h. "ㄲ" hat zwei "ㄱ"s, und "ㄸ" hat zwei "ㄷ"s, und so weiter).

Insgesamt gibt es 5 dieser Konsonanten, die als gespannte Konsonanten bezeichnet werden. Sie werden härter und rauer ausgesprochen (weil zwei gleiche Konsonanten stärker klingen, oder?). Sie klingen ähnlich, wie G / D / B im Deutschen ausgesprochen werden. Das heißt, ㄲ klingt ähnlich wie das "kk" (Gespanntes g) von "Gut", und ㄸ klingt ähnlich wie das "tt" (Gespanntes d) von "Danke", und ㅃ klingt ähnlich wie das "pp" (Gespanntes b) von "Ball".

MP3 (1)

	Name	Aussprache (Anfang / Ende)	Deutsche Entsprechung	Koreanisches Beispiel
ㄱ	기역 gi-yŏk	g / k	Gut	가수 **g**asu
ㄲ	쌍기역 ssang gi-yŏk	kk / k	ein mit Druck gesprochenes ㄱ	꿈 **kk**um
ㄴ	니은 ni-ŭn	n / n	Nase	노루 **n**oru
ㄷ	디귿 di-gŭt	d / t	Dach	다리 **d**ari
ㄸ	쌍디귿 ssang di-gŭt	dd	ein mit Druck gesprochenes ㄷ	땀 **dd**am
ㄹ	리을 ri-ŭl	r / l	Liebe	라면 **r**amyŏn
ㅁ	미음 mi-ŭm	m / m	Mutter	마법 **m**abŏp
ㅂ	비읍 bi-ŭp	b / p	Brot	보배 **b**obae
ㅃ	쌍비읍 ssang bi-ŭp	bb	ein mit Druck gesprochenes ㅂ	빨리 **bb**ali
ㅅ	시옷 si-ot	s / t	Sonne	소리 **s**ori
ㅆ	쌍시옷 ssang si-ot	ss	ein mit Druck gesprochenes ㄷ	싸움 **ss**aum
ㅇ	이응 i-ŭng	keinen Ton / ng	-	아기 **a**gi
ㅈ	지읒 ji-ŭt	Englisch j / t	Dschungel	자유 **j**ayu
ㅉ	쌍지읒 ssang ji-ŭt	jj	ein mit Druck gesprochenes ㅈ	짬뽕 **jj**amppong
ㅊ	치읓 chi-ŭt	ch / t	China	최고 **ch**oego
ㅋ	키읔 ki-ŭk	k / k	Kaffee	커피 **k**ŏpi
ㅌ	티읕 ti-ŭt	t / t	Tisch	타자 **t**aja
ㅍ	피읖 pi-ŭp	p / p	Park	피로 **p**iro
ㅎ	히읗 hi-ŭt	h / t	Haus	해변 **h**aebyŏn

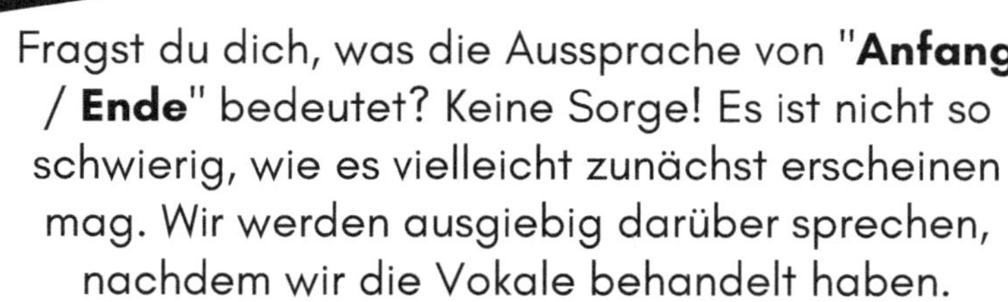

	Aussprache Deutsche (mccune-reischauer)	Deutsche Entsprechung	Koreanisches Beispiel
ㅏ	a (lang)	katze	자두 jadu
ㅑ	ja (ya) (lang)	Jahr	야구 yagu
ㅓ	o (ŏ) (kurzes offenes o)	Loch	접시 jŏpsi
ㅕ	jo (yŏ) (kurzes offenes o)	Joghurt	명화 myŏnghwa
ㅗ	o (lang)	Oase	고무 gomu
ㅛ	jo (yo) (lang)	Jod	교사 gyosa
ㅜ	u (lang)	Uhr	우주 uju
ㅠ	ju (yu) (lang)	Jung	소유 soyu
ㅡ	ü / (ŭ) (einem kurzen ü)	Ürner	그림 gŭrim
ㅣ	i	Ikarus	소리 sori
ㅔ	e	Energie	세기 segi
ㅐ	ä (ae)	Ängstlich	대박 daebak
ㅒ	je (yae)	Jaeger	얘기 yaegi
ㅖ	je (ye)	Jetzt	예복 yebok
ㅙ	(oae)	Question (Englisch)	안돼 andwae
ㅞ	(wae)	Where (Englisch)	훼손 hweson
ㅚ	(oe)	Wendy (Englisch)	최고 choego

ㅚ ist ㅗ + ㅣ, also scheint "oe" richtig zu sein, wenn man die Regeln befolgt, aber es wird wie "wä" ausgesprochen und wird nicht als "Doppelvokal" betrachtet.

ㅘ	o + a (wa)	Watch (Englisch)	과일 gwail
ㅟ	u + i (wi)	Wind (Englisch)	귀 gwi
ㅢ	ö + i (ŭi)	-	의자 ŭija
ㅝ	u + o (wŏ)	Wonderful (Englisch)	권투 gwontu

Die Symbole für die Aussprache der Vokale folgen dem McCune-Reischauer-System.
Für weitere Einzelheiten zu diesem System siehe: http://mccune-reischauer.org

Und die grau unterlegten Vokale werden als **Doppelvokale** bezeichnet. Sie setzen sich aus zwei Vokalen zusammen und ergeben einen Laut.

Bitte denken Sie daran, dass es keine englischen/romanischen Buchstaben gibt, die die Laute perfekt wiedergeben, aber wenn Sie sich die Audiodateien immer wieder anhören und regelmäßig üben, werden Sie die Unterschiede schon bald deutlich wahrnehmen können!

ㅗ [o] + ㅐ [e] = 왜 [wae]

Vielleicht ist Ihnen aufgefallen, dass ㅐ / ㅔ praktisch gleich klingen und ㅚ/ㅙ/ㅞ identisch sind.

Bis ins späte 20. Jahrhundert wurden die winzigen Unterschiede, die sich aus der Zungen- und Mundstellung ergaben, unterschieden, aber heute werden sie nur noch selten beachtet, so dass die meisten Koreaner sie nicht voneinander zu unterscheiden wissen (aber in der Schrift unterscheiden sie sich sehr wohl!).

ㅐ ㅔ

ㅚ ㅙ ㅞ

Achten Sie auch aufmerksam auf den Vokal "ㅡ", der mit dem phonetischen Symbol ŭ wiedergegeben wird. Obwohl wir das Wort "gut" als Beispiel verwendet haben, gibt es den Klang nicht vollständig wieder. Mit diesem Vokal haben viele Ausländer, vor allem Englischsprachige, Schwierigkeiten, aber Sie werden ihn lernen können, wenn wir weiter üben.

ㅡ

PRAXIS-QUIZ

KREISE DIE KOREANISCHEN
KONSONANTE EIN

KREISE DIEJENIGEN EIN, DIE
KOREANISCHE VOKALE SIND

ㄱ	ㅑ	ㅉ	ㄷ	ㄷ
ㅕ	ㅗ	ㅠ	ㅌ	ㅜ
金	ㅎ	ㅇ	ㅖ	ㅐ
ㅝ	ㅁ	ㅂ	ㅜ	ㅅ
ㅋ	ㅟ	ㅘ	ㅜ	ㅐ

㎄	六	ㅏ	ㄷ	ㅜ
ㅁ	ㅗ	ㅛ	ㅌ	J
ひ	ㅎ	ㅂ	ㅖ	が
ㅗ	ㅓ	ㅅ	ㅇ	ㅆ
ㅋ	ㅟ	ㅘ	ㅜ	ㄨ

Antwort: ㄱ, ㄷ, ㅎ, ㅇ, ㅁ, ㅂ, ㅅ, ㅋ

Antwort: ㅏ, ㅜ, ㅗ, ㅖ, ㅓ, ㅟ, ㅘ

Die folgenden Buchstaben stehen nicht in der richtigen Reihenfolge.
Notieren Sie ihre Nummern in der richtigen alphabetischen Reihenfolge.

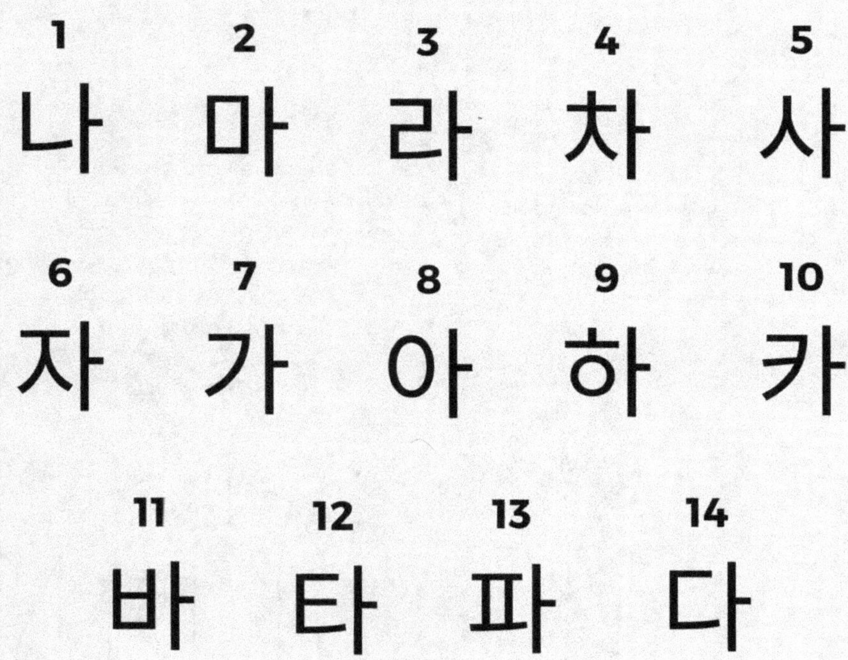

Antwort: 7 - 1 - 14 - 3 - 2 - 11 - 5 - 8 - 6 - 4 - 10 - 12 - 13 - 9

SILBENSTRUKTUR

Wie versprochen, lasst uns nun über Anfangs- und Endkonsonanten sprechen!
In der koreanischen Sprache werden ein oder mehrere Konsonanten und ein Vokal
zusammengefügt, um einen Silbenblock zu bilden, der aus einem Anfangskonsonanten
(chosŏng), einem mittleren Vokal (jungsŏng) und einem optionalen Endkonsonanten
(jongsŏng) besteht, der als Batchim bezeichnet wird. Um einen Silbenblock zu bilden,
benötigen Sie mindestens einen Konsonanten und einen Vokal.

Nehmen wir als Beispiel das Wort 소리 sori ("Klang").

An dieser Stelle haben Sie vielleicht schon
bemerkt, dass die Position eines Vokals in den
beiden Silben 소 / 리 unterschiedlich sein kann.

So lauten nun einmal die Regeln, und
es gibt keine einfache Möglichkeit, sie
zu umgehen, also ist es am besten,
wenn Sie sich gleich daran gewöhnen.
Die Regeln lauten wie folgt:

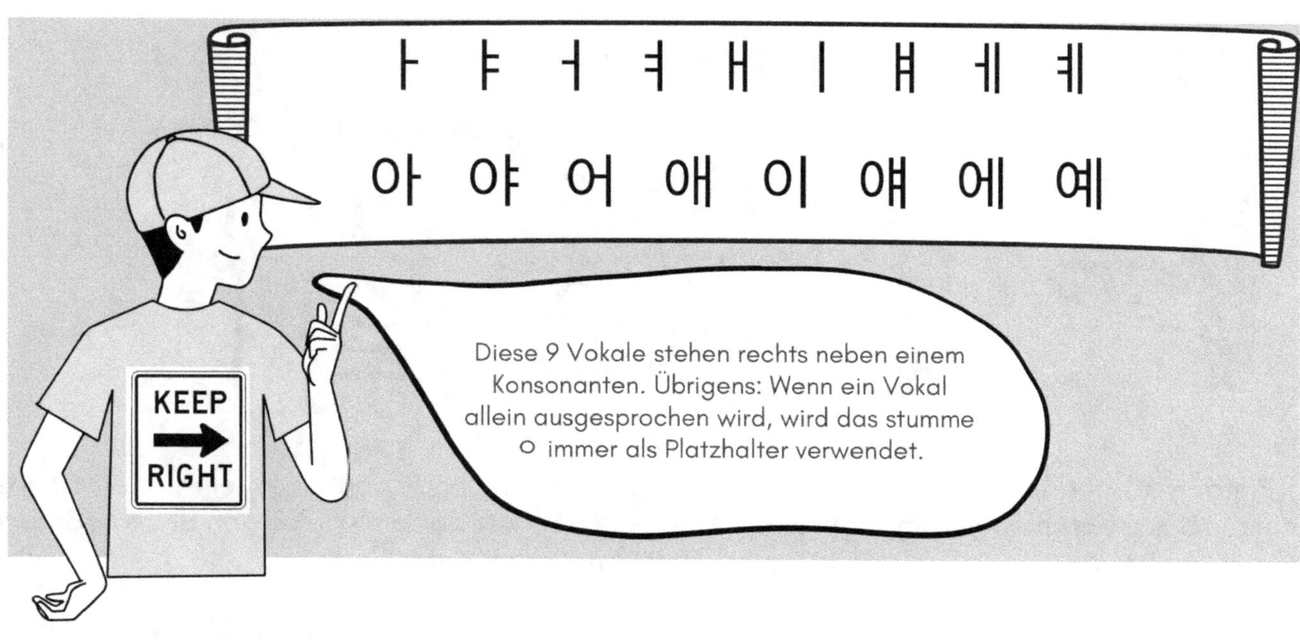
ㅏ ㅑ ㅓ ㅕ ㅐ ㅣ ㅒ ㅔ ㅖ
아 야 어 애 이 얘 에 예
Diese 9 Vokale stehen rechts neben einem Konsonanten. Übrigens: Wenn ein Vokal allein ausgesprochen wird, wird das stumme ㅇ immer als Platzhalter verwendet.
KEEP
RIGHT

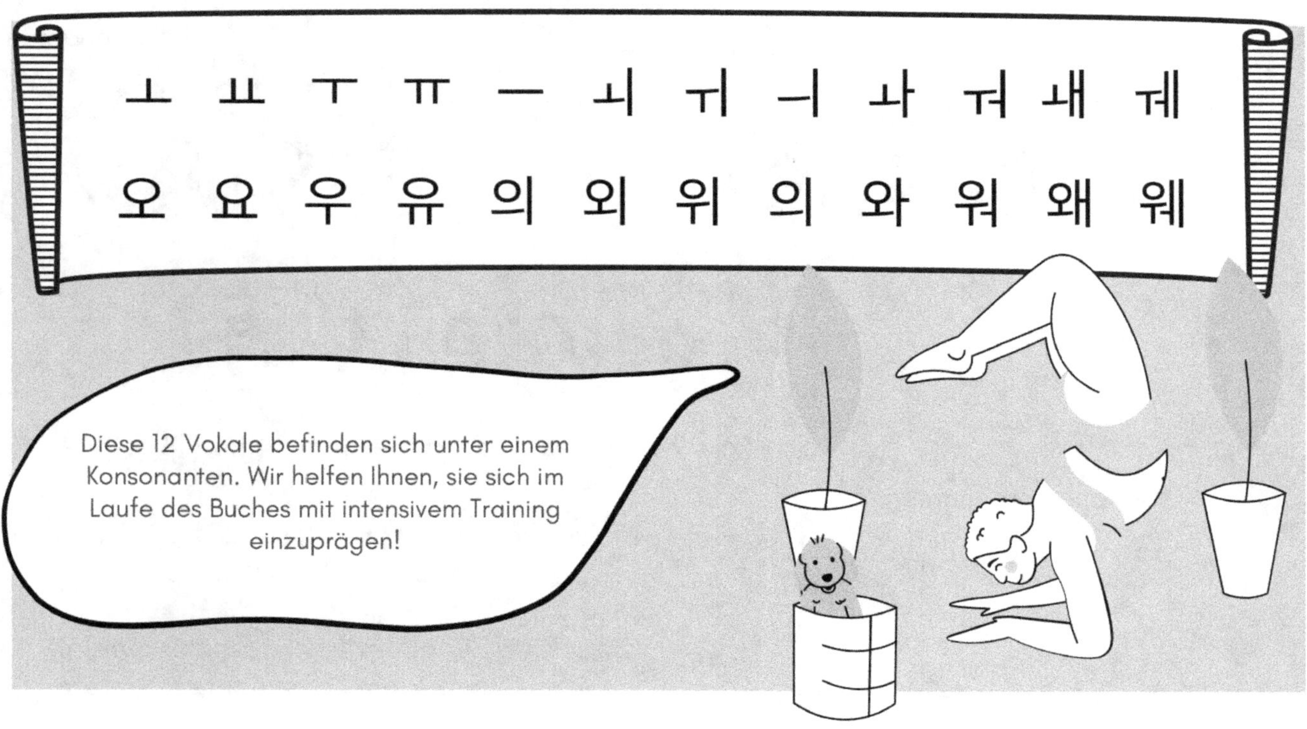
ㅗ ㅛ ㅜ ㅠ ㅡ ㅚ ㅟ ㅓ ㅘ ㅝ ㅙ ㅞ
오 요 우 유 의 외 위 의 와 워 왜 웨
Diese 12 Vokale befinden sich unter einem Konsonanten. Wir helfen Ihnen, sie sich im Laufe des Buches mit intensivem Training einzuprägen!

Um auf unser Beispiel 소리 zurückzukommen, jeder Silbenblock hat einen Konsonanten und einen Vokal und verfügt nicht über den optionalen Endkonsonanten Batchim.

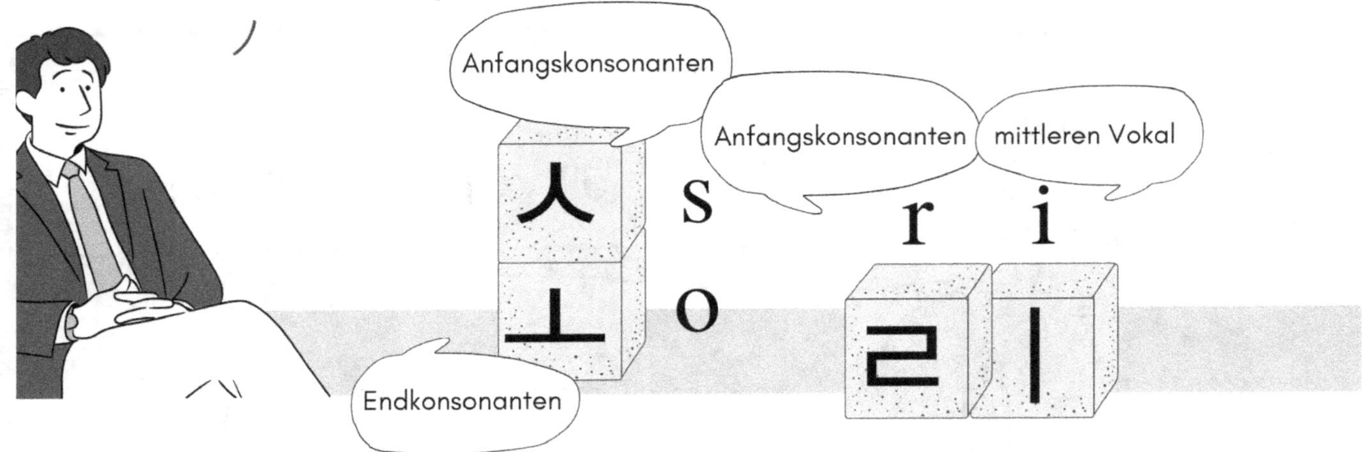

Einfach ausgedrückt, der Batchim ist der jeweils abschließende Konsonant eines Wortes, das auf einen Konsonanten endet. Im Deutschen hat das Wort "Hut" beispielsweise den Endkonsonanten "t", und "Top" hat den Endkonsonanten "p".

Das Wort "Tomate" hat keinen Endkonsonanten, da es mit einem Vokal endet. Im Koreanischen ist es dasselbe, nur mit einer anderen bildlichen Darstellung.

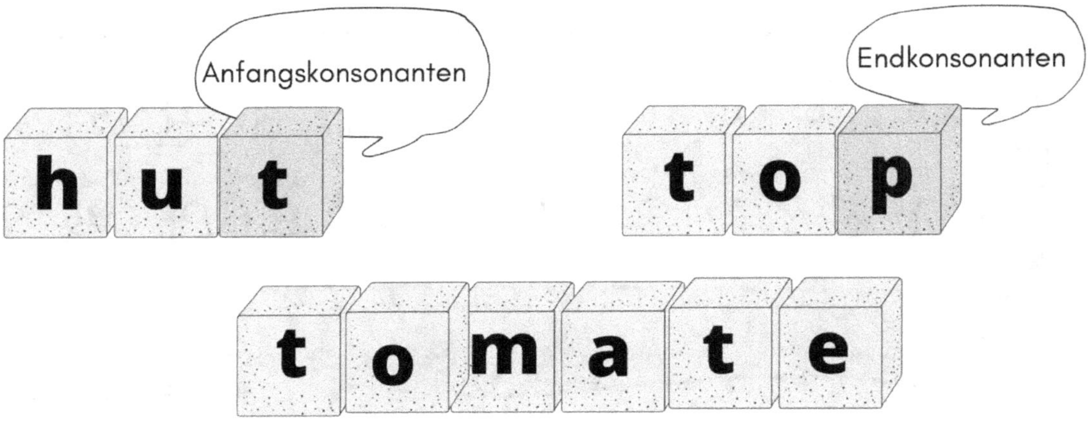

Versuchen wir es also mit diesem - 죽 juk ("Brei")

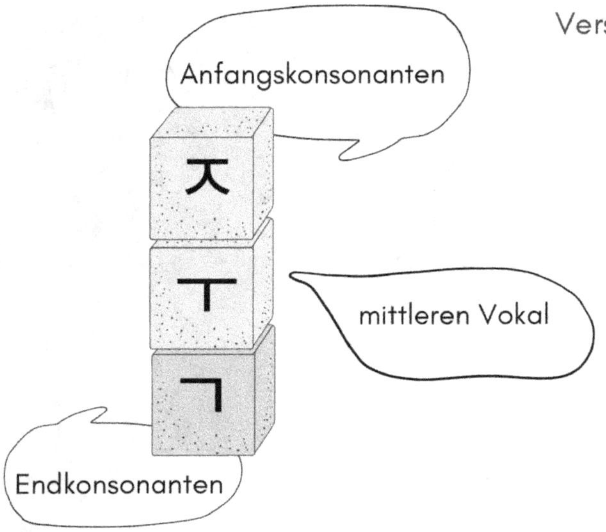

Wie Sie sehen können, steht das ㄱ unten und dient als Endkonsonant.

Beachten Sie außerdem, dass der mediale Vokal ㅜ unter dem Konsonanten ㅈ steht.

Anfangskonsonant - Vokal - Endkonsonant (Batchim) ist die Regel, die wir erst vor einer Seite gelernt haben.

Wie wäre es mit einem weiteren Beispiel? 각 gak ("Winkel")

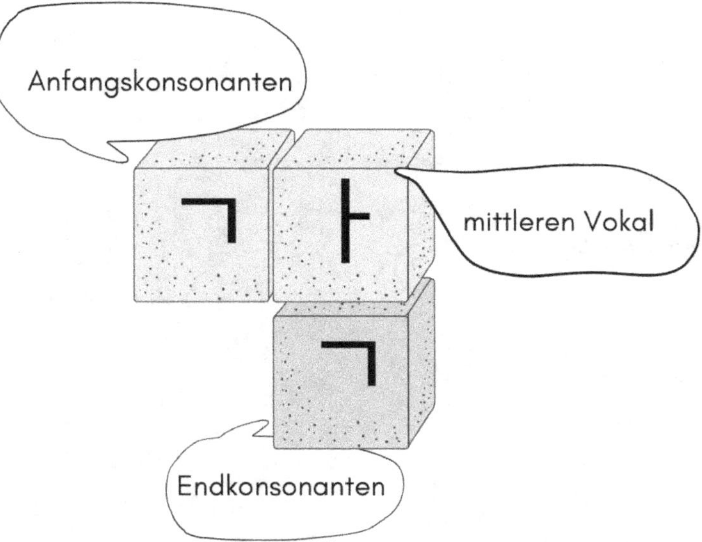

In diesem Fall steht der Vokal ㅏ rechts neben dem Anfangskonsonanten ㄱ, und der Endkonsonant ㄱ steht unterhalb des mittleren Vokals.

Ein Tipp: Der Endkonsonant (Batchim) steht immer unter einem Vokal, unabhängig davon, ob es sich um einen "Rechtsvokal" oder einen "Untervokal" handelt.

PRAXIS-QUIZ

Welche der folgenden Teile sind falsch benannt?

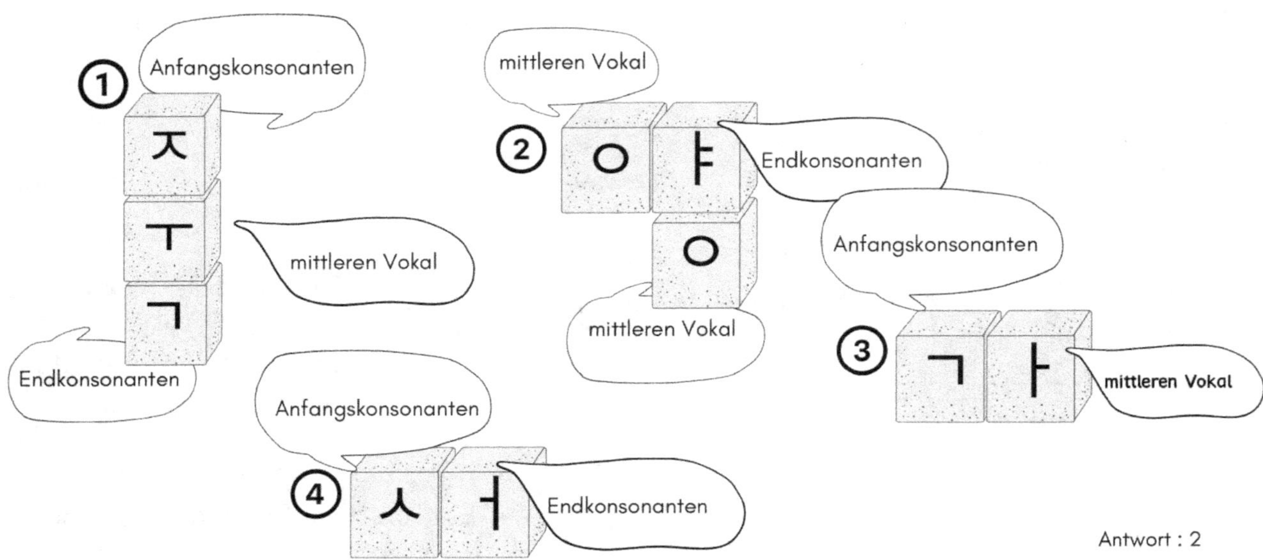

Welches der folgenden Wörter hat keinen Batchim, also keinen Endkonsonanten?

죽 마 감 손 은

Antwort : 마

Die folgenden Wörter sind unvollständig.
Setzen Sie die richtigen Konsonanten, Vokale und das Batchim ein!

hak gyo (Schule)   in gan (Mensch)   go yang i (Katze)

gang a ji (Hundejunge)   mul go gi (Fisch)   son mok si gye (Armbanduhr)

Antwort :
학교 / 인간 고양이
강아지 / 물고기 / 손목시계

SILBENBLOCK-TYPEN

A = Anfangskonsonanten
V = mittleren Vokal
E = Endkonsonanten

A + V	A + V + E	A + V + DOPPEL-E
		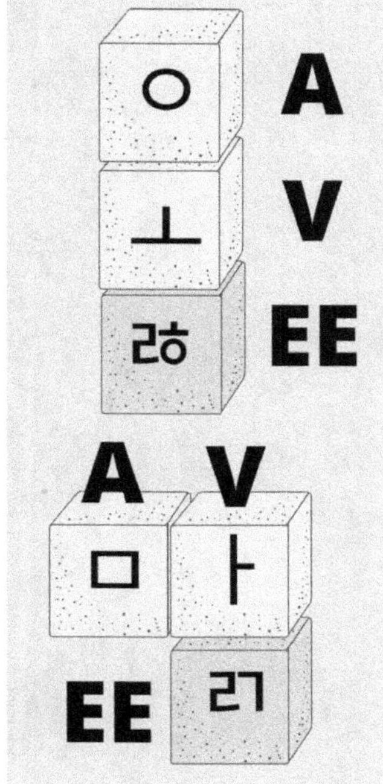

Okay, ich kann mir vorstellen, dass Sie inzwischen wissen, was der Endkonsonant (Batchim) ist, oder?

Falls Sie es noch nicht bemerkt haben, unser vorheriges Beispiel 각 hat denselben Konsonanten ㄱ als Anfangs- und Endkonsonanten, aber mit unterschiedlichen Buchstaben ("g" bzw. "k") geschrieben.

Wir haben gelernt, dass die Konsonanten entweder als Anfangs- oder als Endkonsonant (Batchim) verwendet werden können und je nachdem, wie sie verwendet werden, unterschiedlich klingen können.

Name		Aussprache (Anfang / Ende)	Englisches Entsprechung	Koreanisches Beispiel
ㄱ	기역 gi-yŏk	g / k	good	가수 gasu

Konso-nanten	Anfäng-licher Konso-nantenlaut	Endkon-sonant-enlaut	Wenn ein Konsonant folgt		Wenn ein Vokal folgt	
ㄱ	g	k	책과	chaek-kkwa [꽈]	책이	chae-gi [기]
ㅋ	k	k	부엌과	buŏk-kkwa [꽈]	부엌에	buŏ-ke [케]
ㄲ	kk	k	깎다	kkak-dda [따]	깎아	kka-kka [까]
ㄴ	n	n	손과	son-gwa	손이	so-ni [니]
ㄷ	d	t	쏟다	ssot-dda [따]	쏟아	sso-da [다]
			Gefolgt von einem Vokal ㅣ (i), wird es manchmal als ㅈ (j) ausgesprochen.		쏟이	sso-ji [지]
ㅌ	t	t	끝단	ggŭt-ddan [딴]	끝에	ggŭ-te [테]
			Gefolgt von einem Vokal ㅣ (i), wird es manchmal als ㅊ (ch) ausgesprochen.		끝이	ggŭ-chi [치]
ㅅ	s	t	옷과	ot-kkwa [꽈]	옷이	o-si [시]
ㅆ	ss	t	있다	it-dda [따]	있어	i-ssŏ [쏘]
ㅈ	j	t	찾다	chat-dda [따]	찾아	cha-ja [자]
ㅊ	ch	t	꽃과	kkot-kkwa [꽈]	꽃이	kko-chi [치]
ㅎ	h	t	넣다	nŏt-ta [타]	넣어	nŏ-ŏ [어]
ㄹ	r	l	말과	mal-gwa	말이	ma-ri [리]
ㅁ	m	m	솜과	som-gwa	솜이	so-mi [미]
ㅂ	b	p	집과	jip-kkwa [꽈]	집이	ji-bi [비]
ㅍ	p	p	잎과	ip-kkwa [꽈]	잎이	i-pi [피]
ㅇ	keinen ton	ng	콩과	kong-gwa	콩이	kong-i [이]

Anhand der obigen Tabelle können Sie sich ein besseres Bild davon machen, wie unterschiedlich ein Konsonant ausgesprochen wird, wenn er als Anfangskonsonant und als Endkonsonant (Batchim) verwendet wird.

Die Regel: Es gibt nur sieben Laute für einen Endkonsonanten, und zwar k, n, t, l, m, p, ng, wie in der Tabelle erklärt.

Schauen Sie sich nun genauer an, was passiert, wenn ein Endkonsonant von einem Vokal gefolgt wird.

Konsonanten	Anfänglicher Konsonantenlaut	Endkonsonantenlaut	❷ Wenn ein Konsonant folgt		❶ Wenn ein Vokal folgt	
ㄱ	g	k	책과	chaek-kkwa [꽈]	책이	chae-gi
ㅋ	k		부엌과	buŏk-kkwa [꽈]	부엌에	buŏ-ke
ㄲ	kk		깎다	kkak-dda [따]	깎아	kka-kka
ㄴ	n	n	손과	son-gwa	손이	so-ni

❶ Der Konsonant wird an die Stelle des ㅇ eines Vokals gesetzt.

Man muss sich das folgendermaßen vorstellen. Wir haben gelernt, dass Silben ein ㅇ als Platzhalter haben, wenn sie alleine geschrieben werden (z.B. 아, 어, 여, usw.), so dass der Endkonsonant einer Silbe direkt davor an die Stelle des Platzhalters kommt.

Zum Beispiel das Wort 솜 som, wenn es von einem Vokal 이 i gefolgt wird,

솜 som + 이 i

tritt der Endkonsonant m an die Stelle von ㅇ, dem Platzhalter für den Vokal,

솜↗이 Es wird also als [소미] so-mi ausgesprochen.

Dasselbe gilt für 부엌 buŏk, wenn es von einem Vokal 에 e gefolgt wird,

부엌 buŏk + 에 e

tritt der Endkonsonant k an die Stelle von ㅇ, dem Platzhalter des Vokals,

부엌↗에 und wird somit als [부어케] buŏ-ke ausgesprochen.

Wenn ein Konsonant folgt, ist zu beachten, dass der Klang des nachfolgenden Konsonanten beeinflusst wird,

Batchim ㄱ (k) + folgende Silbe ㄱ (g) = ㄲ

anstelle von 책과 [chaek-gwa] (x) wird es zu einem gespannten Laut [chae**k-kk**wa] (o).

Endkon-sonant Batchim		Folgender Konsonantenlaut		Betroffener Laut
ㄱ (k) ㅋ (k) ㄲ (k) ㄷ (t) ㅌ (t) ㅅ (t) ㅆ (t) ㅈ (t) ㅊ (t) ㅂ (p) ㅍ (p)	+	ㄱ (g) ㄷ (d) ㅂ (b) ㅅ (s) ㅈ (j)	=	ㄲ (kk) ㄸ (dd) ㅃ (bb) ㅆ (ss) ㅉ (jj)

ㅎ ist ein einzigartiges Element. Obwohl es zur Kategorie (t) gehört, wirkt es sich auf die folgenden ㄱ(g) und ㄷ(d) unterschiedlich aus. Prägen Sie sich diese einfach ein.

Endkon-sonant Batchim		Folgender Konsonantenlaut		Betroffener Laut
ㅎ (t)	+	**ㄱ (g)** **ㄷ (d)** ㅂ (b) ㅅ (s) ㅈ (j)	=	**ㅋ (k)** **ㅌ (t)** ㅃ (bb) ㅆ (ss) ㅉ (jj)

Schließlich behalten die farbigen Konsonanten ihren ursprünglichen Anfangskonsonanten, wenn sie von einem Vokal gefolgt werden. Die einzigen Ausnahmen sind ㅎ und ㅇ, bei denen nur der Vokal ausgesprochen wird.

Konso-nanten	Anfäng-licher Konso-nantenlaut	Endkon sonant enlaut	Beispiel		Wenn ein Vokal folgt	
ㅎ	h	t	넣다	nŏt-ta [타]	넣어	nŏ-ŏ
ㅇ	keinen ton	ng	콩과	kong-gwa	콩이	kong-i

Noch ein paar Beispiele, damit Sie es besser verstehen,

ㅎ	h	t	닿다	dat-ta [타]	닿아	da-a
ㅇ	keinen ton	ng	망과	mang-gwa	망이	mang-i

Nach der Regel sollte 닿다 dat-ta [다타] klingen, aber in der täglichen Praxis wird es häufig als dat-dda [다따] ausgesprochen.

MP3 (4)

Zusätzlich zu der Liste der Endkonsonanten, die wir bereits gelernt haben, gibt es nun weitere spezielle Arten von Konsonanten, die als doppelte Endkonsonanten (겹받침 gyeopbatchim) bezeichnet werden. Insgesamt gibt es 11 von ihnen.

Konsonanten	Repräsentativer Klang	Beispiel		Wenn ein Vokal folgt	
ㄳ	k	넋과	nŏk-kkwa [넉꽈]	넋이	nŏk-si [시]
ㄺ		읽다	ik-dda [익따]	읽어	il-gŏ [거]
ㄵ	n	앉다	an-dda [안따]	앉아	an-ja [자]
ㄼ ●		넓다	nŏl-dda [널따] ●	넓이	nŏl-bi [비]
ㄽ	l	외곬	oe-gol [외골]	외곬이	oe-gol-si [시]
ㄾ ●		핥다	hal-dda [할따] ●	핥아	hal-ta [타]
ㅀ		닳다	dal-ta [달타]	닳아	da-ra [라]
ㅄ	p	없다	ŏp-dda [업따]	없이	ŏp-si [시]
ㄿ		읊다	ŭp-dda [읍따]	읊어	ŭl-pŏ [퍼]
ㄻ	m	삶다	sam-dda [삼따]	삶아	sal-ma [마]
ㄶ	n	많다	man-ta [만타]	많아	ma-na [나]

Bei den L-Lauten ist zu beachten, dass ㄼ und ㄾ den folgenden Konsonanten zu einem gespannten Laut machen.

Würde es der allgemeinen Regel folgen, bei der nur der erste Teil des doppelten Batchim ausgesprochen wird, müsste es 핥다 -> 할다 [hal-da] lauten und den folgenden Konsonanten nicht zu einem gespannten Laut machen, aber das sind eher Ausnahmen.

Im Allgemeinen folgen sie den Regeln, die wir bereits gelernt haben, aber für die visuellen Lernenden unter euch möchte ich sie noch einmal erläutern.

Nehmen wir 읽 als Beispiel. Wie Sie sehen können, hat der doppelte Endkonsonant ㄺ zwei Konsonanten kombiniert, und zwar ㄹ (l) + ㄱ (k), und sie folgen den allgemeinen Regeln, bei denen der Anfangskonsonant an die Stelle des Platzhalters ㅇ tritt. Aber es gibt zwei! Welcher kommt nun da rein?

Es ist ganz einfach!

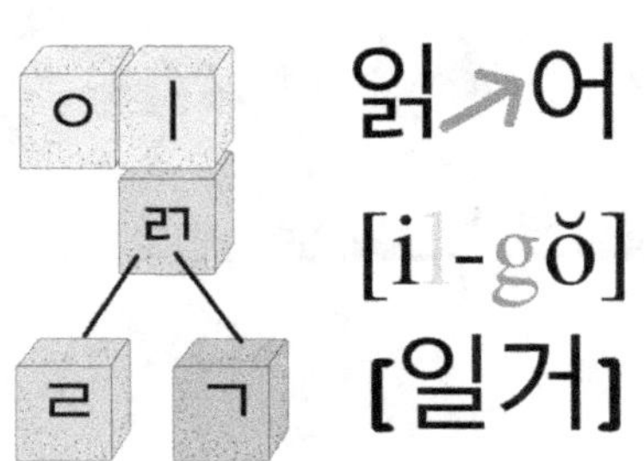

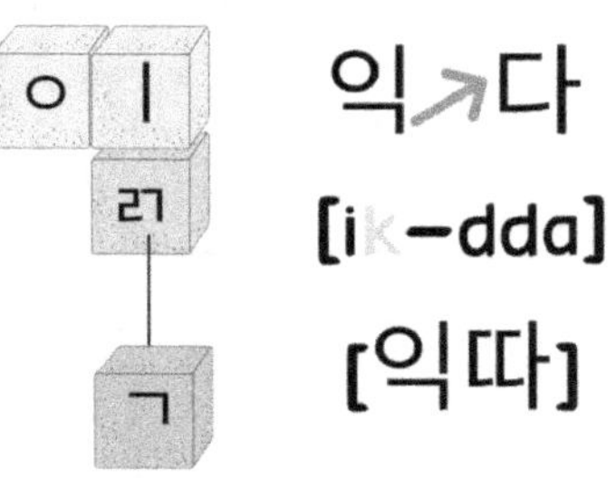

Wenn ein Vokal folgt, wird der erste Teil ausgesprochen, und der zweite Teil geht in das ㅇ!

Wenn ein Konsonant folgt, wird der Vertretungslaut ausgesprochen und wirkt sich auf den folgenden Konsonanten aus, gemäß den Regeln, die wir vor ein paar Seiten behandelt haben.

Das deckt so ziemlich die grundlegenden Elemente des koreanischen Alphabets Hangul ab, einschließlich der Aussprache, der Silbenstruktur und der Beeinflussung der Laute je nachdem, was vor und nach einem Konsonanten/Vokal kommt.

Es gibt zahlreiche Regeln und Ausnahmen, die man sich merken muss, aber es ist praktisch unmöglich und sinnlos, sie alle aufzuzählen.

Der beste Weg, sie zu lernen, ist die tägliche Praxis! Wir werden dir eine Menge Beispiele und Übungsfragen geben, also... schnall dich an und los geht's!

PRAXIS-QUIZ

Wir haben gelernt, dass koreanische Konsonanten sowohl als Anfangskonsonanten als auch als Endkonsonanten (Batchim) verwendet werden können. Ergänzen Sie die folgenden Puzzleteile, um ein Wort zu vervollständigen.

Antworten : Oben : 꿈 / 책 / 콩 / 옷 / 손 / 집 / 말   Unten : 몸 / 용 / 공 / 룸 / 솜 / 눈 / 봄

Wir haben gelernt, dass bestimmte Endkonsonanten (Batchim) den folgenden Konsonanten beeinflussen. Wähle die Aussprache, die richtig transkribiert ist.

MP3 ⟨5⟩

1.목과
A.목와 [mok-wa] B. 목꽈 [mok-kkwa]
C. 목화 [mok-hwa] D. 목똬 [mok-ddwa]

2.돈도
A.돈오 [don-o] B. 돈또 [don-ddo]
C. 돈토 [don-to] D. 돈도 [don-do]

3.읻게
A.읻에 [it-e] B. 읻께 [it-kke]
C. 읻쎄 [it-sse] D. 읻쩨 [it-jje]

4.맞아
A.맞싸 [mat-ssa] B. 마자 [ma-ja]
C. 마아 [ma-a] D. 맞사 [mat-sa]

5.꽃이
A.꼬시 [kko-si] B. 꼬지 [kko-ji]
C. 꼬치 [kko-chi] D. 꼬이 [kko-i]

6.놓다
A.노타 [no-ta] B. 노아 [no-a]
C. 노하 [no-ha] D. 노따 [no-dda]

7.울고
A.울꼬 [ul-kko] B. 우꼬 [u-kko]
C. 울코 [ul-ko] D. 울고 [ul-go]

8.밥을
A.밥슬 [bap-sŭl] B. 바블 [ba-bŭl]
C. 바을 [ba-pŭl] D. 바플 [[ba-pŭl]

9.숲과
A.숲와 [sup-wa] B. 숲콰 [sup-kwa]
C. 숲꽈 [sup-kkwa] D. 숲솨 [sup-swa]

10.공을
A.곤글 [gon-gŭl B. 공를 [gong-rŭl]
C. 고을 [go-ŭl] D. 공을 [gong-ŭl]

11. 방과
A.방꽈 [bang-kkwa] B. 방콰 [bang-kwa]
C. 방과 [bang-gwa] D. 방와 [bang-wa]

Antworten: 1. B. 목꽈 [mok-kkwa] 2. D. 돈도 [don-do] 3. B. 읻께 [it-kke] 4. B. 마자 [ma-ja] 5. C. 꼬치 [kko-chi] 6. A.노타 [no-ta] 7. D. 울고 [ul-go] 8. B. 바블 [ba-bŭl] 9. C. 숲꽈 [sup-kkwa] 10. D. 공을 [gong-ŭl] 11. C. 방과 [bang-gwa]

Wie wir bereits gelernt haben, werden die Endkonsonanten nach ihrer Aussprache in drei Kategorien eingeteilt - K / T / P.

Legen Sie den richtigen Konsonanten in den entsprechenden Behälter.

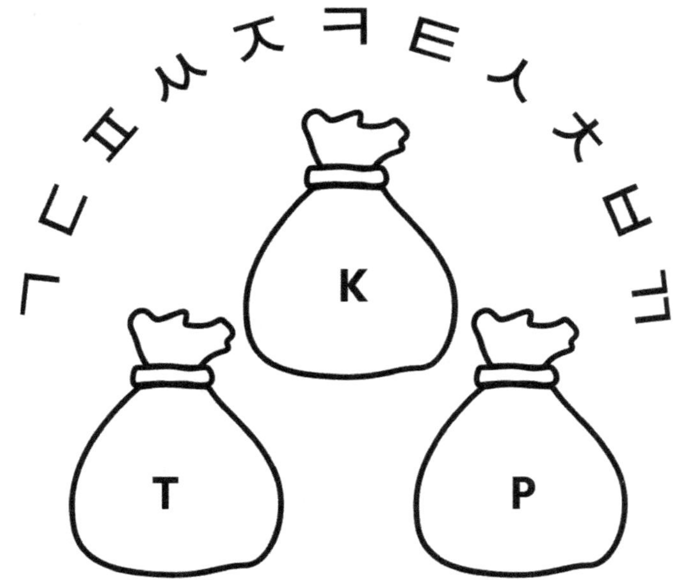

Antworten:
K : ㄱ ㅋ ㄲ
T : ㄷ ㅌ ㅅ ㅆ ㅈ ㅊ
P : ㅂ ㅍ

Wir haben gelernt, dass bei Doppel-Batchim, wenn sie von einem Vokal gefolgt werden, der erste Teil ausgesprochen wird und der zweite Teil in das ㅇ geht. Umgekehrt wird bei einem Konsonanten nur der erste Teil ausgesprochen und wirkt sich auf den folgenden Konsonanten aus, falls vorhanden.

Wählen Sie die richtige Aussprache.

1.얇아
A.얄라 [yal-la] B. 야라 [ya-ra]
C. 얄바 [yal-ba] D. 얍빠 [yap-bba]

2.앉아
A.안자 [an-ja] B. 아나 [a-na]
C. 안나 [an-na] D. 안타 [an-ta]

3.얇게
A.얄테 [yal-te] B. 얄게 [yal-ge]
C. 얄께 [yal-gge] D. 얍께 [yap-gge]

4.앉고
A.앙고 [ang-go] B. 안조 [an-jo]
C. 안코 [an-ko] D. 안꼬 [an-kko]

5.없다
A.업따 [ŏp-dda] B. 업사 [ŏp-sa]
C. 업빠 [ŏp-bba] D. 엇다 [ŏt-da]

6.없이
A.어비 [ŏ-bi] B. 업씨 [ŏp-ssi]
C. 어이 [ŏ-i] D. 어시 [ŏ-si]

7.옮다
A.옴아 [om-a] B. 올따 [ol-dda]
C. 옴따 [om-dda] D. 옴짜 [om-jja]

8.옮아
A.오라 [o-ra] B. 올라 [ol-la]
C. 오마 [o-ma] D. 올마 [[ol-ma]

9.많다
A.마다 [ma-da] B. 만아 [man-a]
C. 만나 [man-na] D. 만타 [man-ta]

10.많이
A.마니 [ma-ni] B. 마히 [ma-hi]
C. 만히 [man-hi] D. 만니 [man-ni]

Antworten : 1. C. 얄바 [yal-ba] 2. A.안자 [an-ja] 3. C. 얄께 [yal-gge] 4. D. 안꼬 [an-kko] 5. A.업따 [ŏp-dda]
6. B. 업씨 [ŏp-ssi] 7. C. 옴따 [om-dda] 8. D. 올마 [[ol-ma] 9. D. 만타 [man-ta] 10. A.마니 [ma-ni]

KONSONANT #1

기역 (gi-yŏk)

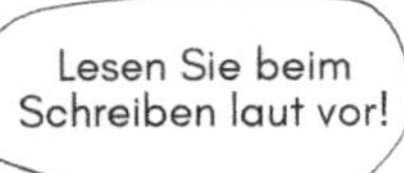

Anfänglicher Konsonantenlaut 'g' **가**위 [**g**awi] Schere
Endkonsonantenlaut 'k' 수**학** [suha**k**] Mathematik

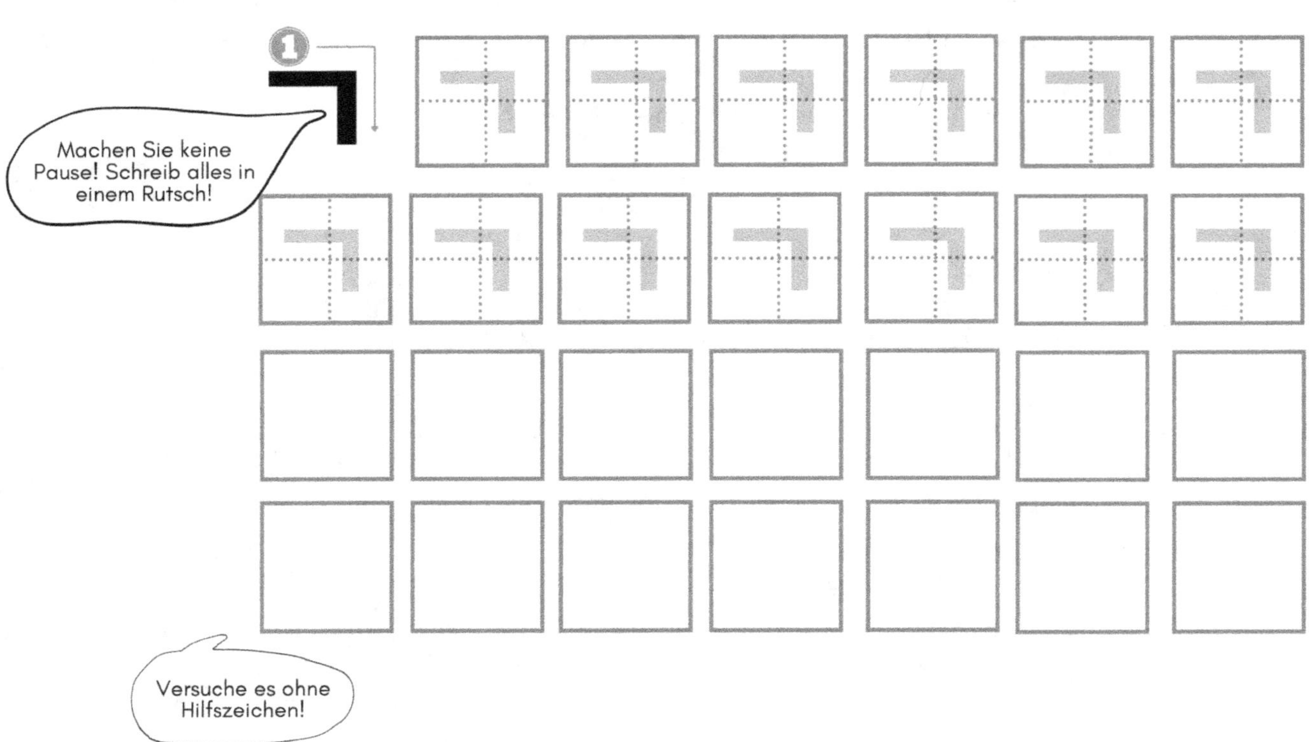

MP3 ⟨7⟩

Anfänglicher Konsonantenlaut 'g'	Endkonsonantenlaut 'k'	Wenn ein Vokal folgt	Wenn ein Konsonant folgt
고민 [gomin] Sorge	책 [chaek] Buchen	책아 [chae-ga] [가]	책과 [chaek-<u>kk</u>wa] [꽈]
구름 [gurŭm] Wolke	오락 [orak] Amüsement	책을 [chae-gŭl] [글]	책도 [chaek-<u>dd</u>o] [또]
개미 [gaemi] Ameise	이익 [iik] Nutzen	책우 [chae-gu] [구]	책방 [chaek-<u>bb</u>ang] [빵]
가위 [gawi] Schere	기록 [girok] Aufzeichnung	책오 [chae-go] [고]	책상 [chaek-<u>ss</u>ang] [쌍]
기회 [gihoe] Chance	직각 [jikga**k**] rechte Winkel	책이 [chae-gi] [기]	책좀 [chaek-<u>jj</u>om] [쫌]
계피 [gyepi] Zimt	수학 [suhak] Mathematik		

KONSONANT #2

니은 (ni-ŭn)

Anfänglicher Konsonantenlaut 'n' 나비 [nabi] Schmetterling
Endkonsonantenlaut 'n' 기린 [girin] Giraffe

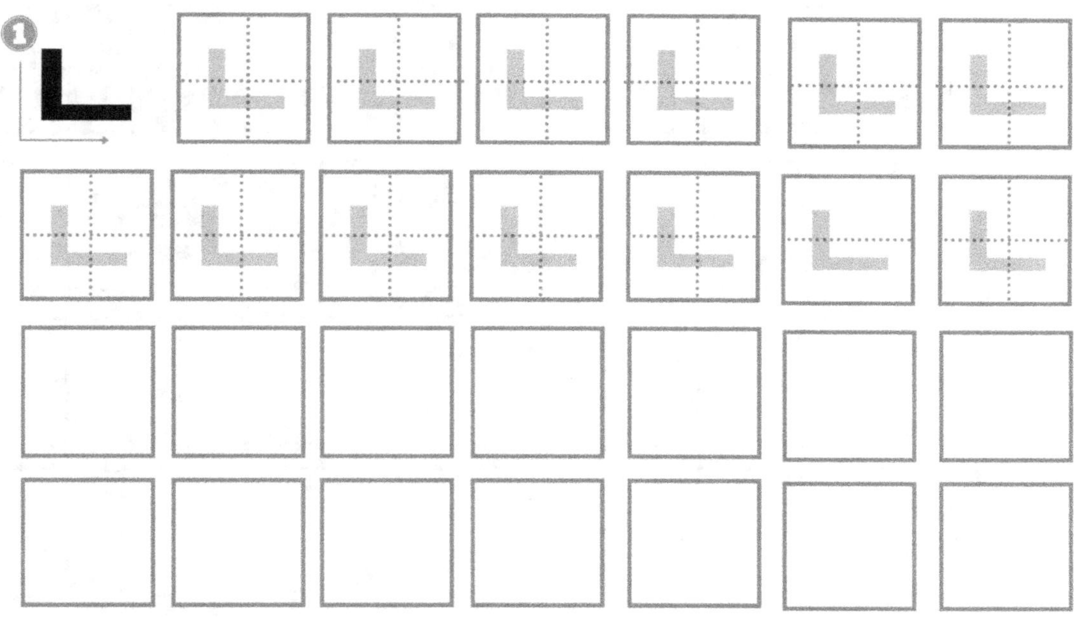

Anfänglicher Konsonantenlaut 'n'	Endkonsonantenlaut 'n'	Wenn ein Vokal folgt	Wenn ein Konsonant folgt
노인 [noin] alte Mann	돈 [don] Geld	돈아 [do-na] [나]	
누름 [nurŭm] drücken	오인 [oin] Versehen	돈을 [do-nŭl] [늘]	
내일 [naeil] Morgen	이민 [imin] Auswanderung	돈우 [do-nu] [누]	Der folgende Konsonant ist NICHT betroffen.
나이 [nai] Alter	사진 [sajin] Foto	돈오 [do-no] [노]	
네모 [nemo] Viereckig	구인 [guin] Einstellen	돈이 [do-ni] [니]	
뉴욕 [nyuyok] New York	반 [ban] Hälfte		

23

KONSONANT #3

디귿 (di-gŭt)

Anfänglicher Konsonantenlaut 'd' 다리 [**d**ari] Bein
Endkonsonantenlaut 't' 숟가락 [su**t**garak] Löffel

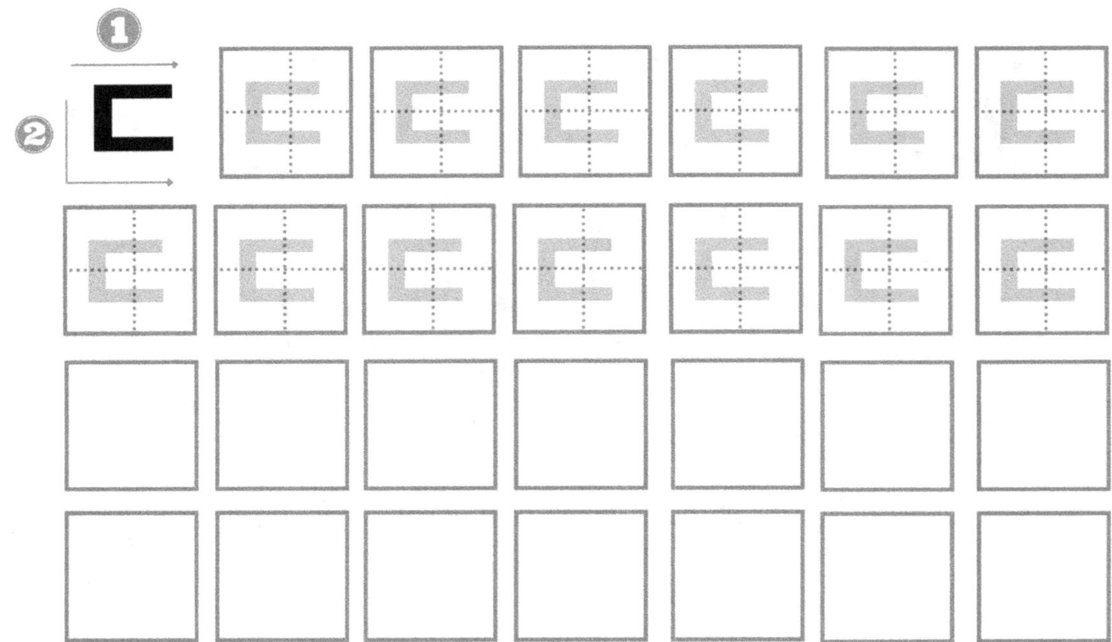

Anfänglicher Konsonantenlaut 'd'	Endkonsonantenlaut 't'	Wenn ein Vokal folgt	Wenn ein Konsonant folgt
도민 [**d**omin] Inselbewohner	닫다 [dat-<u>dda</u>] Schließen	닫아 [da-**d**a] [다]	믿고 [mit-<u>kk</u>o] [꼬]
다름 [**d**arŭm] Anderheit	믿다 [mit-<u>dda</u>] Glauben	닫을 [da-**d**ŭl] [들]	믿다 [mit-<u>dda</u>] [따]
두루미 [**d**urumi] Kranich	굳다 [gut-<u>dda</u>] Shärten	닫우 [da-**d**u] [두]	믿보 [mit-<u>bb</u>o] [뽀]
더하기 [**d**ŏhagi] Plus	듣다 [dŭt-<u>dda</u>] Hören	닫오 [dŭ-**d**o] [도]	믿소 [mit-<u>ss</u>o] [쏘]
대화 [**d**aehwa] Gespräch	쏟다 [ssot-<u>dda</u>] Vergießen	닫이 [sso-**j**i] [지] ⚠	믿지 [mit-<u>jji</u>] [찌]
디귿 [**d**i-gŭt] konsonant ㄷ			

<u>_</u> bezeichnet den betroffenen Konsonanten

KONSONANT #4

리을 (ri-ŭl)

Anfänglicher Konsonantenlaut 'r' 루비 [**r**ubi] Rubin
Endkonsonantenlaut 'l' 매일 [mae**il**] jeden Tag

MP3 〈10〉

Anfänglicher Konsonantenlaut 'r'	Endkonsonantenlaut 'l'	Wenn ein Vokal folgt	Wenn ein Konsonant folgt
라면 [**r**amyŏn] Ramen	돌 [do**l**] Stein	돌아 [do-**r**a] [라]	
라디오 [**r**adio] Radio	발 [ba**l**] Fuß	돌을 [do-**r**ŭl] [를]	
로마 [**r**oma] Rom	오늘 [onŭ**l**] Heute	돌우 [do-**r**u] [루]	**Der folgende Konsonant ist NICHT betroffen.**
리어카 [**r**iŏka] Fahrradanhänger	비밀 [bimi**l**] Geheimnis	돌오 [do-**r**o] [로]	
라이터 [**r**aitŏ] Feuerzeug	귤 [gyu**l**] Mandarine	돌이 [do-**r**i] [리]	

*Die meisten der Wörter, die mit ㄹ beginnen, sind Fremdwörter.

25

KONSONANT #5

미음 (mi-ŭm)

Anfänglicher Konsonantenlaut 'm' 매일 [**m**aeil] jeden Tag
Endkonsonantenlaut 'm' 그림 [gri**m**] Bild

Anfänglicher Konsonantenlaut 'm'	Endkonsonantenlaut 'm'	Wenn ein Vokal folgt	Wenn ein Konsonant folgt
모자 [**m**oja] Hut	모임 [moi**m**] Treffen	모임아 [moi-**m**a] [마]	
무릎 [**m**urŭp] Knie	금 [gŭ**m**] Gold	모임을 [moi-**m**ŭl] [믈]	
매미 [**m**aemi] Zikade	땀 [dda**m**] Schweiß	모임우 [moi-**m**u] [무]	Der folgende Konsonant ist NICHT betroffen.
마을 [**m**aŭl] Dorf	밤 [ba**m**] Nacht	모임오 [moi-**m**o] [모]	
미국 [**m**iguk] USA	점수 [jŏ**m**-<u>ssu</u>] Punktzahl	모임이 [moi-**m**i] [미]	
머리 [**m**ŏri] Kopf			

<u> </u> bezeichnet den betroffenen Konsonanten

KONSONANT #6

비읍 (bi-ŭp)

Anfänglicher Konsonantenlaut 'b' 바람 [**b**aram] Wind
Endkonsonantenlaut 'p' 수입 [sui**p**] Import

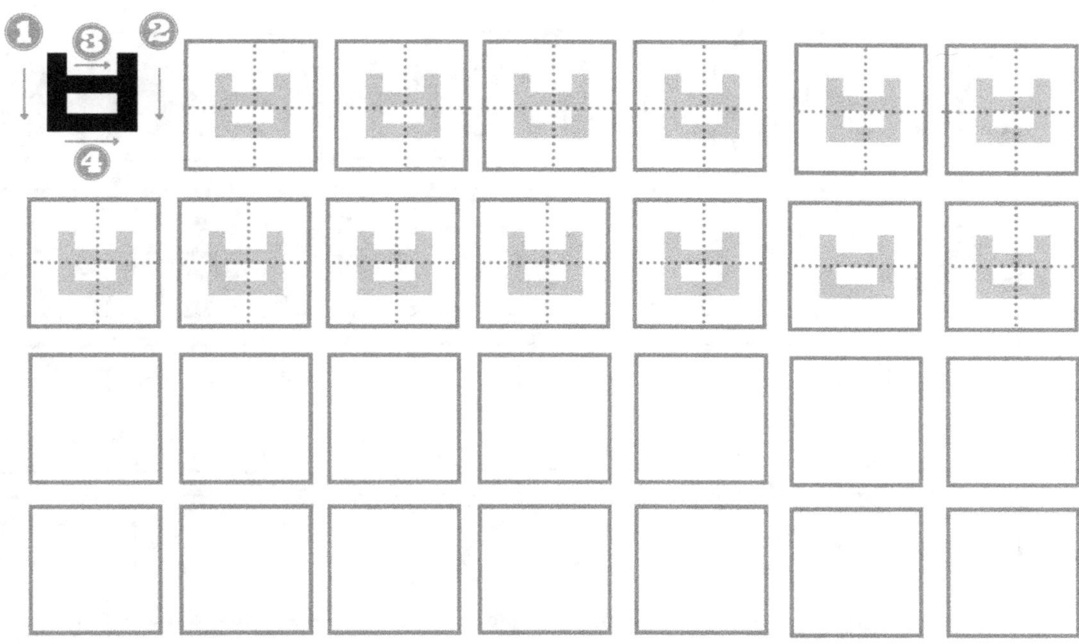

MP3 〈12〉

Anfänglicher Konsonantenlaut 'b'	Endkonsonantenlaut 'p'	Wenn ein Vokal folgt	Wenn ein Konsonant folgt
보기 [**b**ogi] Beispiel	집 [ji**p**] Haus	집아 [ji-**b**a] [**바**]	집고 [jip-<u>kk</u>o] [**꼬**]
부자 [**b**uja] Reiche	과즙 [gwajŭ**p**] Fruchtsaft	집을 [ji-**b**ŭl] [**블**]	집다 [jip-<u>dd</u>a] [**따**]
배 [**b**aemi] Schiff	시합 [shiha**p**] Wettkampf	집우 [ji-**b**u] [**부**]	집보 [jip-<u>bb</u>o] [**뽀**]
바위 [**b**awi] Felsen	수업 [suŏ**p**] Unterricht	집오 [ji-**b**o] [**보**]	집소 [jip-<u>ss</u>o] [**쏘**]
비교 [**b**igyo] Vergleich	입구 [i**p**kku] Eingang	집이 [ji-**b**i] [**비**]	집지 [jip-<u>jj</u>i] [**찌**]
버릇 [**b**ŏrŭt] Gewohnheit			

Siehe Tabelle - obwohl der letzte Konsonant als "p" ausgesprochen wird, klingt er wie "b", wenn er von einem Vokal gefolgt wird.

KONSONANT #7

시옷 (si-ot)

Anfänglicher Konsonantenlaut 's' 소비 [**s**obi] Verbrauch
Endkonsonantenlaut 't' 비옷 [bio**t**] Regenmantel

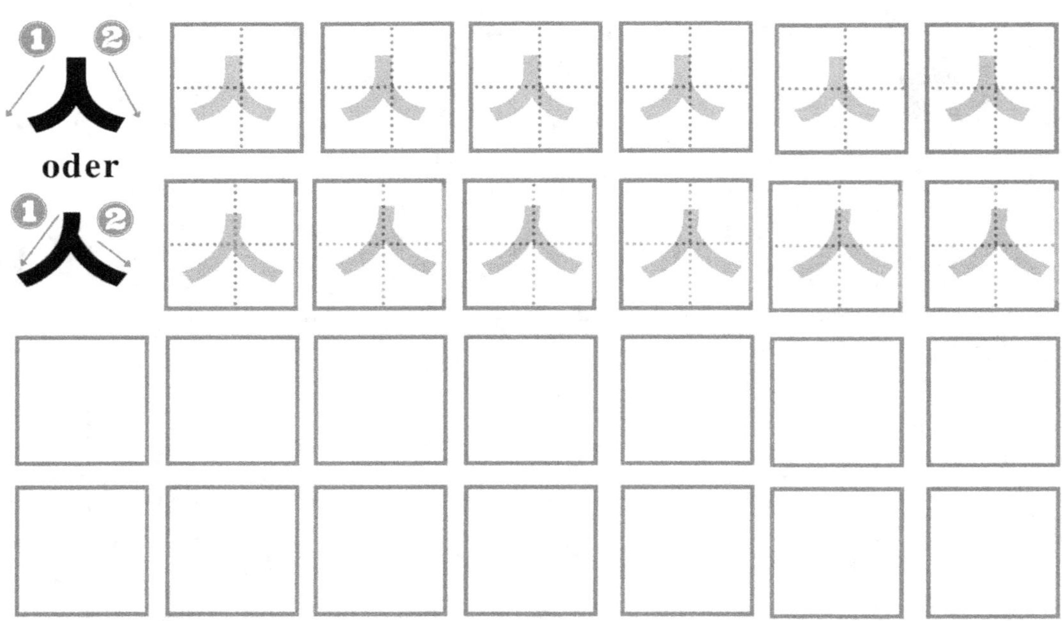

Anfänglicher Konsonantenlaut 's'	Endkonsonantenlaut 't'	Wenn ein Vokal folgt	Wenn ein Konsonant folgt
소주 [soju] Soju	옷 [ot] Kleidung	옷아 [o-sa] [사]	옷고 [ot-<u>kk</u>o] [꼬]
수입 [suip] Import	빗 [bit] Kamm	옷을 [o-sŭl] [슬]	옷다 [ot-<u>dd</u>a] [따]
새해 [saehae] neue Jahr	젓가락 [jŏt-<u>kk</u>arak] Essstäbchen	옷우 [o-su] [수]	옷보 [ot-<u>bb</u>o] [뽀]
사랑 [sarang] Liebe	맛 [mat] Geschmack	옷오 [o-so] [소]	옷소 [ot-<u>ss</u>o] [쏘]
시계 [sigye] Uhr	넷 [net] Vvier	옷이 [o-si] [시]	옷지 [ot-<u>jj</u>i] [찌]
서류 [sŏryu] Dokument			

__ bezeichnet den betroffenen Konsonanten

Siehe Tabelle – obwohl der letzte Konsonant als "t" ausgesprochen wird, klingt er wie "s", wenn er von einem Vokal gefolgt wird.

KONSONANT #8

이응 (i-ŭng)

Anfänglicher Konsonantenlaut 'keinen ton' 아기 [**a**gi] Baby
*Daher ist es der Klang des Vokals.
Endkonsonantenlaut 'ng' 봉 [bo**ng**] Gipfel

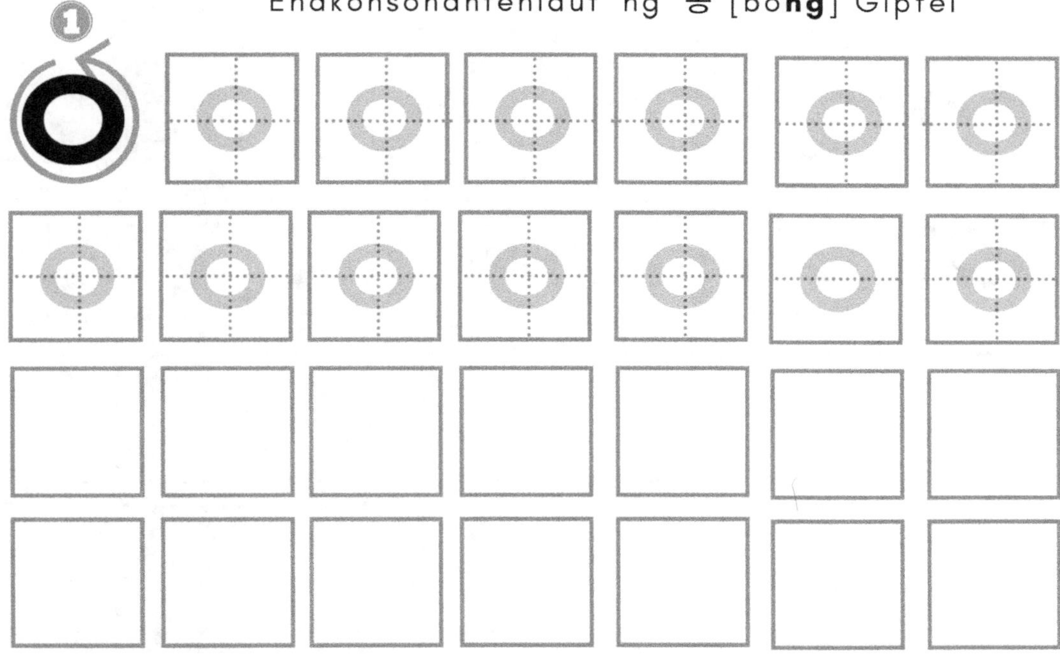

MP3 (14)

Anfänglicher Konsonantenlaut 'keinen ton'	Endkonsonantenlaut 'ng'	Wenn ein Vokal folgt	Wenn ein Konsonant folgt
오빠 [obba] ältere Bruder	징 [jing] Gong	징아 [jing-a] [아]	
우표 [upyo] Briefmarke	등 [dŭng] Lampe	징을 [jing-ŭl] [을]	
애인 [aein] Geliebte	지방 [jibang] Fett	징우 [jing-u] [우]	Der folgende Konsonant ist NICHT betroffen.
아기 [agi] Baby	가정 [gaŏng] Familie	징오 [jing-o] [오]	
이름 [irŭn] Name	공부 [gongbu] Lernen	징이 [jing-i] [이]	
어부 [ŏbu] Fischer			

KONSONANT #9

지읒 (ji-ŭt)

Anfänglicher Konsonantenlaut 'j' 자비 [**j**abi] Barmherzigkeit
Endkonsonantenlaut 't' 낮 [na**t**] Tag

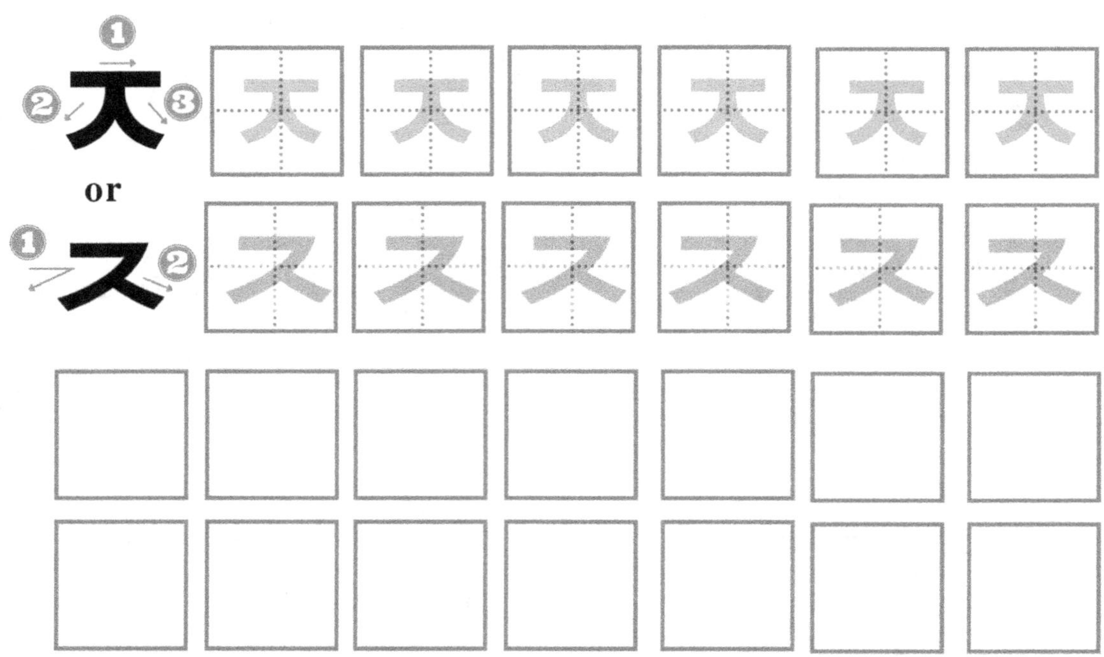

Anfänglicher Konsonantenlaut 'j'	Endkonsonantenlaut 't'	Wenn ein Vokal folgt	Wenn ein Konsonant folgt
조개 [**j**ogae] Muschel	젖 [jŏ**t**] Milch	젖아 [jŏ-**j**a] [**자**]	젖고 [jŏt-**kk**o] [**꼬**]
주름 [**j**urŭm] Falte	곳 [go**t**] Kap	젖을 [jŏ-**j**ŭl] [**즐**]	젖다 [jŏt-**dd**a] [**따**]
재미 [**j**aemi] Spaß	벚꽃 [bŏ**t**kkot] Kirschblüte	젖우 [jŏ-**j**u] [**주**]	젖보 [jŏt-**bb**o] [**뽀**]
자유 [**j**ayu] Freiheit		젖오 [jŏ-**j**o] [**조**]	젖소 [jŏt-**ss**o] [**쏘**]
지구 [**j**igu] Erde		젖이 [jŏ-**j**i] [**지**]	젖지 [jŏt-**jj**i] [**찌**]
저울 [**j**ŏul] Waage			

Siehe Tabelle – obwohl der letzte Konsonant als "t" ausgesprochen wird, klingt er wie "j", wenn er von einem Vokal gefolgt wird.

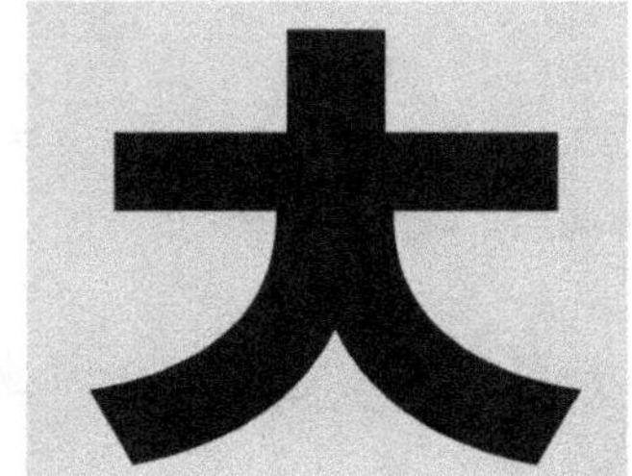

KONSONANT #10

치읓 (chi-ŭt)

Anfänglicher Konsonantenlaut 'ch' 차비 [**ch**abi] Fahrgebühr
Endkonsonantenlaut 't' 꽃 [kko**t**] Blume

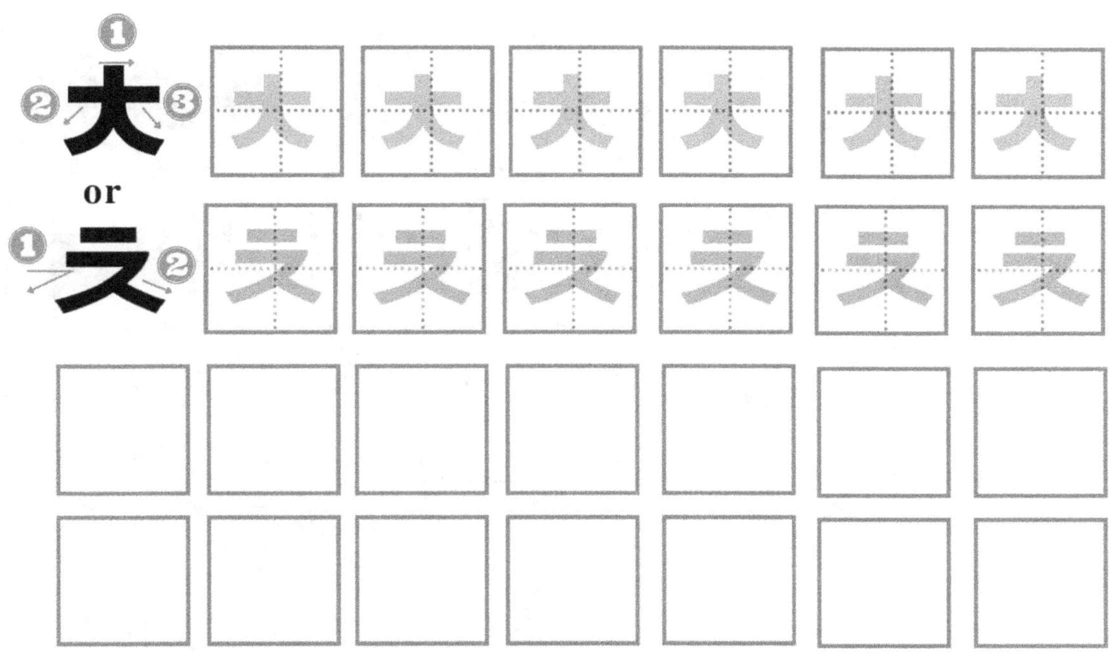

MP3 〈16〉

Anfänglicher Konsonantenlaut 'ch'	Endkonsonantenlaut 't'	Wenn ein Vokal folgt	Wenn ein Konsonant folgt
초록 [chorok] Grün	빛 [bit] Licht	빛아 [bi-cha] [차]	빛고 [bit-<u>kko</u>] [꼬]
추가 [chuga] Zusatz	낯 [nat] Gesicht	빛을 [bi-chŭl] [츨]	빛다 [bit-<u>dda</u>] [따]
채도 [chaedo] Farbsättigung	숯 [sut] Khole	빛우 [bi-chu] [추]	빛보 [bit-<u>bbo</u>] [뽀]
차도 [chado] Fahrbahn	돛 [dot] Segel	빛오 [bi-cho] [초]	빛소 [bit-<u>sso</u>] [쏘]
치아 [chia] Zahn		빛이 [bi-chi] [치]	빛지 [bit-<u>jji</u>] [찌]
처리 [chŏri] Erledigung			

Siehe Tabelle – obwohl der letzte Konsonant als "t" ausgesprochen wird, klingt er wie "ch", wenn er von einem Vokal gefolgt wird.

KONSONANT #11

키읔 (ki-ǔk)

Anfänglicher Konsonantenlaut 'k' 쿠키 [**k**uki] Cookie
Endkonsonantenlaut 'k' 부엌[buǒ**k**] Küche

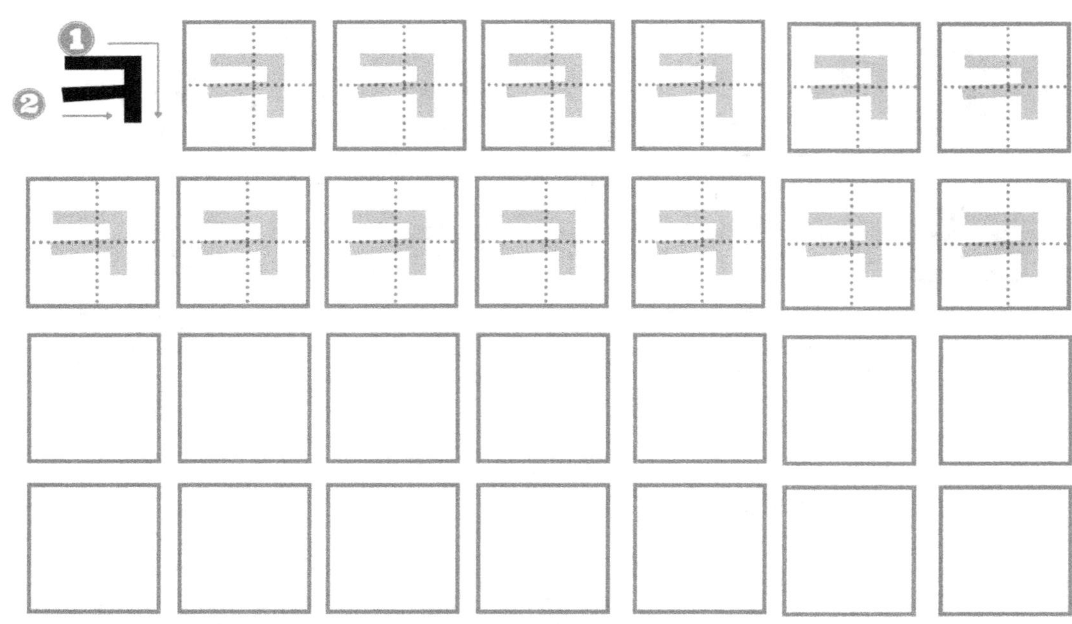

MP3〈17〉

Anfänglicher Konsonantenlaut 'k'	Endkonsonantenlaut 'k'	Wenn ein Vokal folgt	Wenn ein Konsonant folgt
코골이 [kogori] Schnarchen	부엌 [buǒk] Küche	부엌아 [buǒ-ka] [카]	부엌고 [buǒk-kko] [꼬]
쿠바 [kuba] Kuba	남녘 [namnyǒk] Süden	부엌을 [buǒ-kǔl] [클]	부엌다 [buǒk-dda] [따]
캐나다 [kaenada] Kanada		부엌우 [buǒ-ku] [쿠]	부엌보 [buǒk-bbo] [뽀]
카메라 [kamera] Kamera		부엌오 [buǒ-ko] [코]	부엌소 [buǒk-sso] [쏘]
키우다 [kiuda] Hochbringen		부엌이 [buǒ-ki] [키]	부엌지 [buǒk-jji] [찌]
커피 [kǒpi] Kaffee			

KONSONANT #12

티읕 (ti-ŭt)

Anfänglicher Konsonantenlaut 't' 토끼 [tokki] Hasen
Endkonsonantenlaut 't' 솥 [sot] Kessel

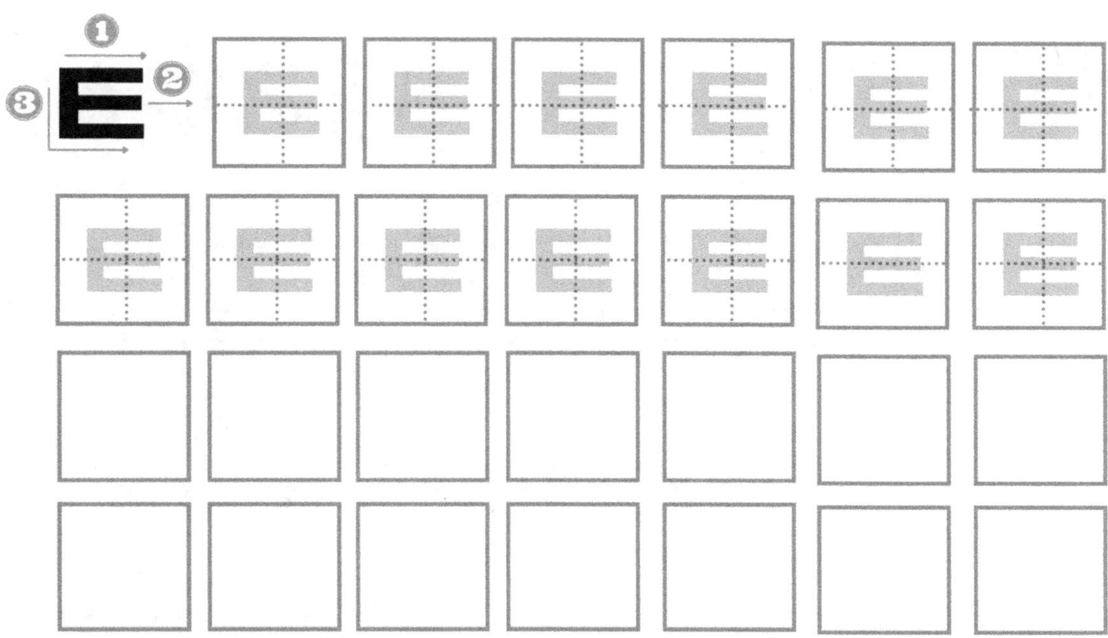

MP3 (18)

Anfänglicher Konsonantenlaut 't'	Endkonsonantenlaut 't'	Wenn ein Vokal folgt	Wenn ein Konsonant folgt
토기 [togi] Irdengeschirr	겉 [gŏt] Oberfläche	겉아 [gŏ-ta] [타]	겉고 [gŏt-kko] [꼬]
투수 [tusu] Werfer	끝 [kkŭt] Ende	겉을 [gŏ-tŭl] [틀]	겉다 [gŏt-dda] [따]
태도 [taedo] Haltung	밭 [bat] Acker	겉우 [gŏ-tu] [투]	겉보 [gŏt-bbo] [뽀]
타조 [tajo] Strauß	팥 [pat] rote Bohnen	겉오 [gŏ-to] [토]	겉소 [gŏt-sso] [쏘]
티끌 [tikkŭl] Staub	밑 [mit] unten	겉이 [gŏ-chi] [치] !	겉지 [gŏt-jji] [찌]
터키 [tŏki] Türkei			

33

KONSONANT #13

ㅍ 피읖 (pi-ŭp)

Anfänglicher Konsonantenlaut 'p' 파도 [**p**ado] welle
Endkonsonantenlaut 'p' 풀잎 [puli**p**] gräsche

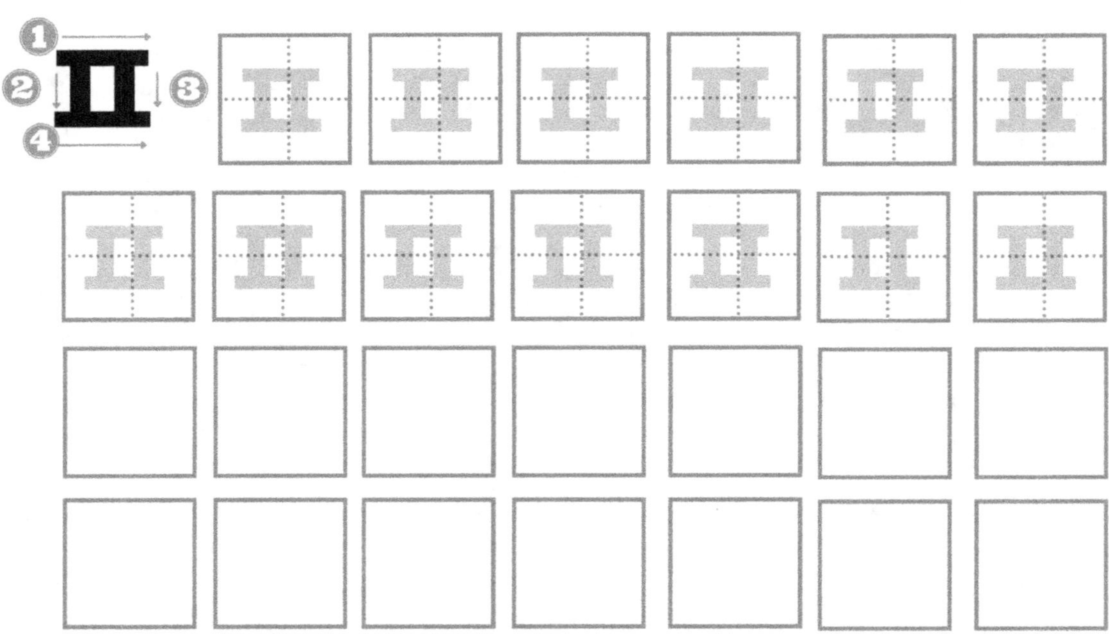

Anfänglicher Konsonantenlaut 'p'	Endkonsonantenlaut 'p'	Wenn ein Vokal folgt	Wenn ein Konsonant folgt
포화 [**p**ohwa] Sättigung	무릎 [mur**ŭp**] Knie	잎아 [i-**p**a] [**파**]	잎고 [i**p**-<u>kk</u>o] [**꼬**]
푸름 [**p**urŭm] Bläue	앞 [a**p**] vor	잎을 [i-**p**ŭl] [**플**]	잎다 [i**p**-<u>dd</u>a] [**따**]
패배 [**p**aebae] Niederlage	헝겊 [hŏnggŏ**p**] Tuch	잎우 [i-**p**u] [**푸**]	잎보 [i**p**-<u>bb</u>o] [**뽀**]
파괴 [**p**agoe] Zerstörung	잎 [i**p**] Blatt	잎오 [i-**p**o] [**포**]	잎소 [i**p**-<u>ss</u>o] [**쏘**]
피구 [**p**igu] Völkerball		잎이 [i-**p**i] [**피**]	잎지 [i**p**-<u>jj</u>i] [**찌**]
퍼짐 [**p**ŏjim] Diffusion			

34

KONSONANT #14

히읗 (hi-ŭt)

Anfänglicher Konsonantenlaut 'h' 하마 [**h**ama] Hippopotame
Endkonsonantenlaut 't' 닿다 [dat-dda] Atteindre

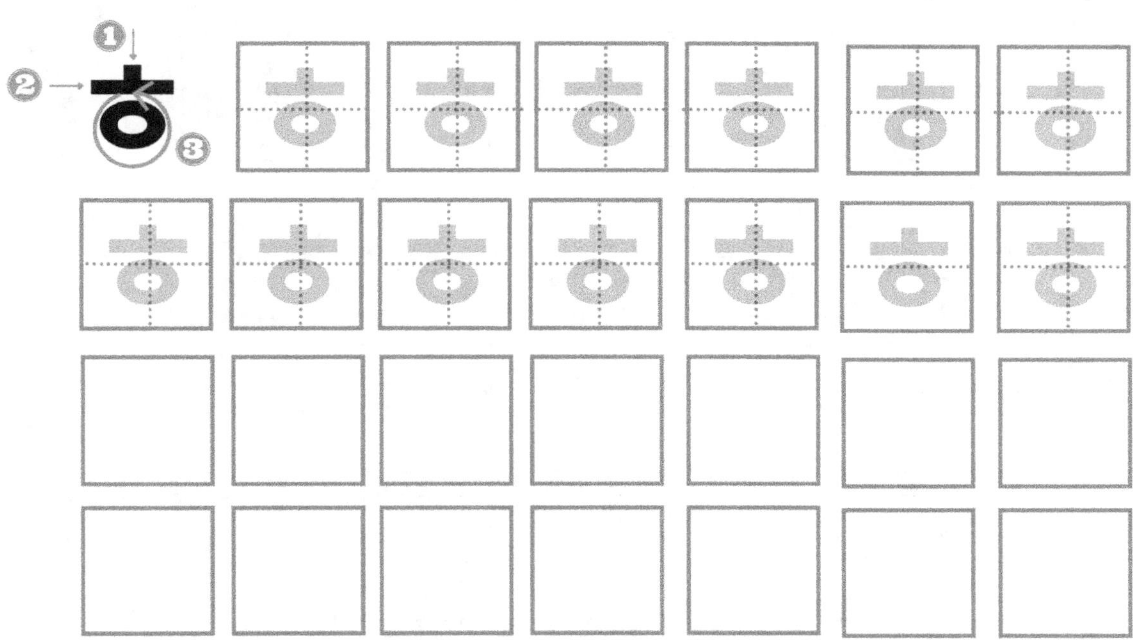

Anfänglicher Konsonantenlaut 'h'	Endkonsonantenlaut 't'	Wenn ein Vokal folgt	Wenn ein Konsonant folgt
호박 [**h**obak] Citrouille	빻다 [bbat-<u>ta</u>] piler	닿아 [da-**a**] [아]	닿고 [dat-<u>kk</u>o] [꼬]
후추 [**h**uchu] Poivre	낳다 [nat-<u>ta</u>] enfanter	닿을 [da-ŭl] [을]	닿다 [dat-<u>dd</u>a] [따]
해안 [**h**aean] Côte	놓다 [not-<u>ta</u>] lâcher	닿우 [da-**u**] [우]	닿보 [dat-<u>bb</u>o] [뽀]
하늘 [**h**anŭl] Ciel	하얗다 [hayat-<u>ta</u>] être blanc	닿오 [da-**o**] [오]	닿소 [dat-<u>ss</u>o] [쏘]
히잡 [**h**ijap] Hijab		닿이 [da-**i**] [이]	닿지 [dat-<u>jj</u>i] [찌]
허리 [**h**ŏri] Taille			

<u>_</u> bezeichnet den betroffenen Konsonanten

Siehe Tabelle - obwohl der letzte Konsonant als "t" ausgesprochen wird, klingt er wie "keinen ton", wenn er von einem Vokal gefolgt wird.

KONSONANT #15

쌍기역 (ssang gi-yŏk)

Anfänglicher Konsonantenlaut 'kk' 꿀 [**kk**ul] Honig
Endkonsonantenlaut 'k' 깎다 [kka**k**-dda] Schälen

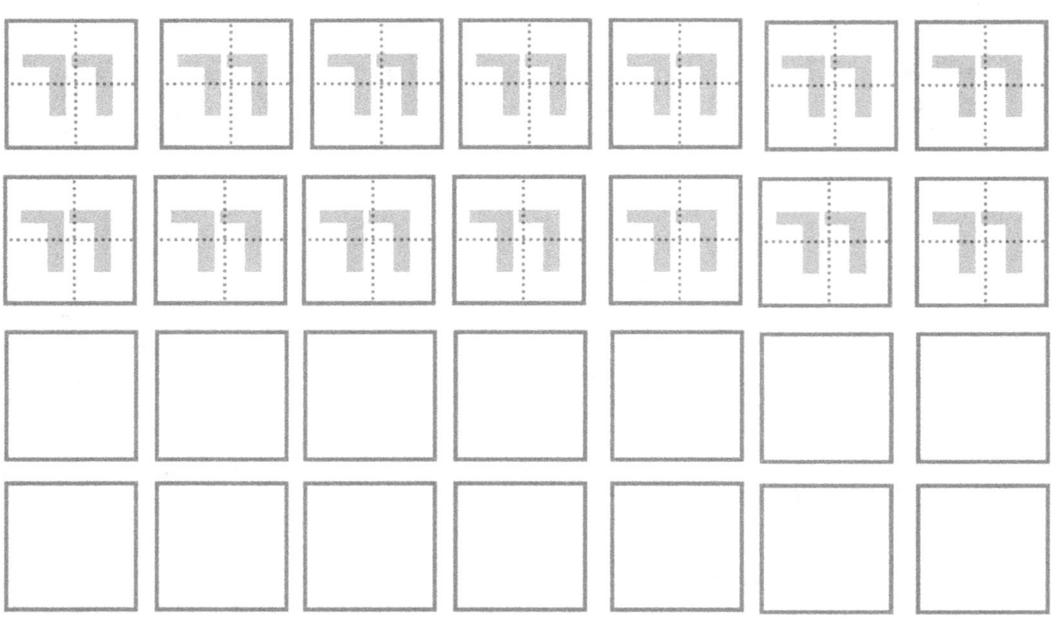

MP3 (21)

Anfänglicher Konsonantenlaut 'kk'	Endkonsonantenlaut 'k'	Wenn ein Vokal folgt	Wenn ein Konsonant folgt
꼬마 [**kk**oma] kleine Kind	꺾다 [kkŏ**k**-dda] brechen	꺾어 [kkŏk-**kk**ŏ] [**꺼**]	꺾다 [kkŏk-**dd**a] [**따**]
꾸중 [**kk**ujung] Tadel	엮다 [yŏ**k**-dda] flechten	엮어 [yŏk-**kk**ŏ] [**꺼**]	엮다 [yŏk-**dd**a] [**따**]
깨 [**kk**ae] Sesam	깎다 [kka**k**-dda] schälen	깎아 [kka-**kk**a] [**까**]	깎다 [kka-**dd**a] [**따**]
까마귀 [**kk**amagwi] Krähe	낚시 [na**k**-ssi] angeln	낚아 [nak-**kk**a] [**까**]	낚시 [nak-**ss**i] [**씨**]
끼니 [**kk**ini] Mahlzeit			
꺼내다 [**kk**ŏnaeda] holen			

36

KONSONANT #16

쌍디귿 (ssang di-gŭt)

Anfänglicher Konsonantenlaut 'dd' 따귀 [**dd**agwi] Dachtel
ENDKONSONANTENLAUT NICHT ANWENDBAR

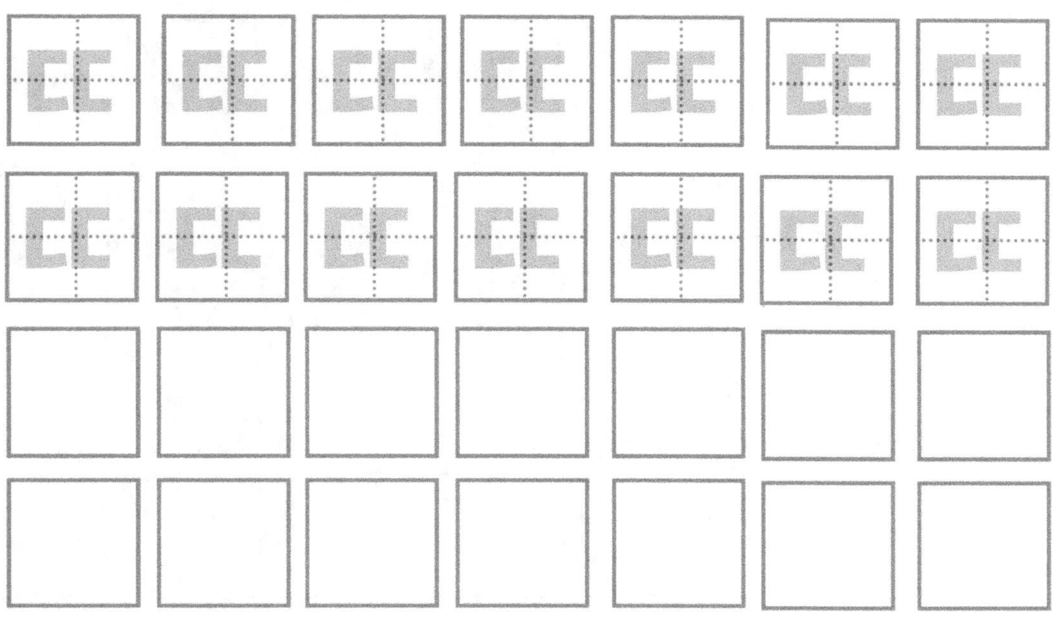

Anfänglicher Konsonantenlaut 'dd'	Endkonsonantenlaut	Wenn ein Vokal folgt	Wenn ein Konsonant folgt
또 [**dd**o] auch 뚜껑 [**dd**ukkŏng] Deckel 때 [**dd**ae] Moment 따귀 [**dd**agwi] Dachtel 띠 [**tt**i] Gürtel 떠돌이 [**tt**ŏdori] Wanderer	Technisch gesehen müsste es genauso ausgesprochen werden wie ㄷ Batchim (t), aber es gibt im Koreanischen keine Wörter, die ㄸ als Batchim verwenden.	Technisch gesehen müsste es genauso ausgesprochen werden wie ㄷ Batchim (t), aber es gibt im Koreanischen keine Wörter, die ㄸ als Batchim verwenden.	Technisch gesehen müsste es genauso ausgesprochen werden, wie ㄷ Batchim (t), so dass es den folgenden Konsonanten genauso beeinflusst, wie es ㄷ (t) tun würde.

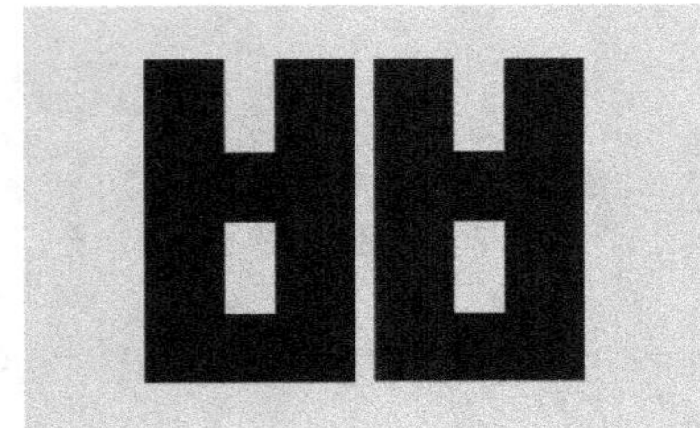

KONSONANT #17

쌍비읍 (ssang bi-ŭp)

Anfänglicher Konsonantenlaut 'bb' 뿔 [**bb**ul] Horn
ENDKONSONANTENLAUT NICHT ANWENDBAR

Anfänglicher Konsonantenlaut 'bb'	**Endkonsonantenlaut**	**Wenn ein Vokal folgt**	**Wenn ein Konsonant folgt**
뽀뽀 [**bb**obb**o**] Küsschen 뿌리 [**bb**uri] Wurzel 빼기 [**bb**aegi] Subtraktion 뼈 [**bb**yŏ] Knochen	Technisch gesehen müsste es genauso ausgesprochen werden wie ㅂ Batchim (p), aber es gibt im Koreanischen keine Wörter, die ㅃ als Batchim verwenden.	Technisch gesehen müsste es genauso ausgesprochen werden wie ㅂ Batchim (p), aber es gibt im Koreanischen keine Wörter, die ㅃ als Batchim verwenden.	Technisch gesehen müsste es genauso ausgesprochen werden, wie ㅂ Batchim (p), so dass es den folgenden Konsonanten genauso beeinflusst, wie es ㅂ (p) tun würde.

KONSONANT #18

쌍시옷 (ssang si-ot)

Anfänglicher Konsonantenlaut 'ss' 씨 [**ss**i] Saat
Endkonsonantenlaut 't' 있다 [i**t**-dda] Sein

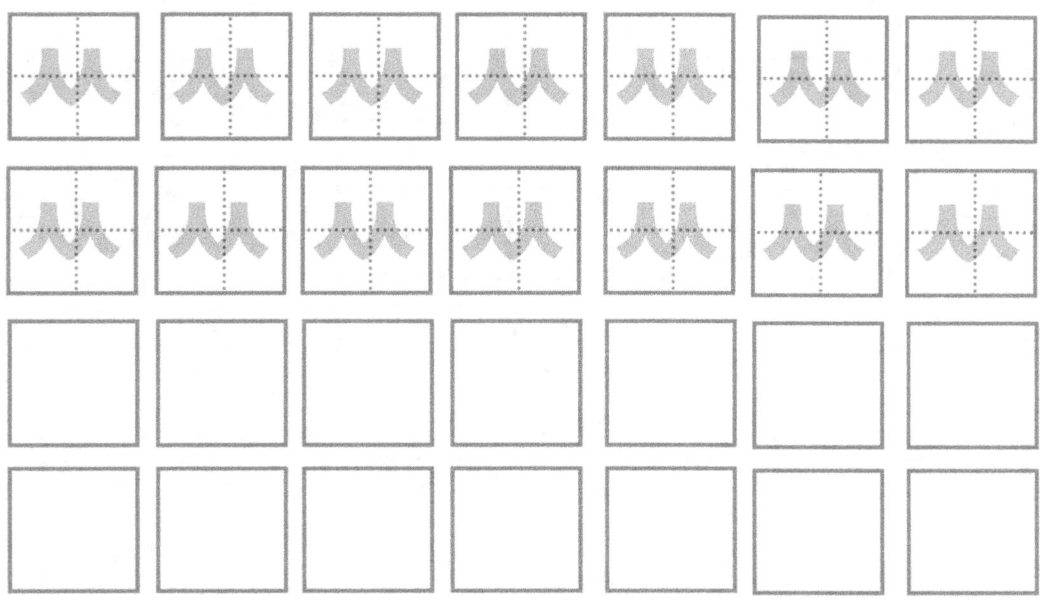

MP3 (24)

Anfänglicher Konsonantenlaut 'ss'	Endkonsonantenlaut 't'	Wenn ein Vokal folgt	Wenn ein Konsonant folgt
싹 [ssak] Keim	했다 [hae<u>t-dd</u>a] (Ich) hat getan.	했아 [hae-ssa] [싸]	했고 [haet-<u>kk</u>o] [꼬]
쑥 [ssuk] Beifuß	갔다 [ga<u>t-dd</u>a] (Ich) ging.	했을 [hae-ssŭl] [쓸]	했다 [haet-<u>dd</u>a] [따]
싸움 [ssaum] Kampf	봤다 [bwa<u>t-dd</u>a] (Ich) sah.	했우 [hae-ssu] [쑤]	했보 [haet-<u>bb</u>o] [뽀]
쏘다 [ssoda] schießen	<u>__</u> bezeichnet den betroffenen Konsonanten	했오 [hae-sso] [쏘]	했소 [haet-<u>ss</u>o] [쏘]
씨름 [ssirŭm] koreanisch Ringen		했이 [hae-ssi] [씨]	했지 [haet-<u>jj</u>i] [찌]
		Siehe Tabelle – obwohl der Endkonsonant als "t" ausgesprochen wird, klingt er wie "ss", wenn ihm ein Vokal folgt.	

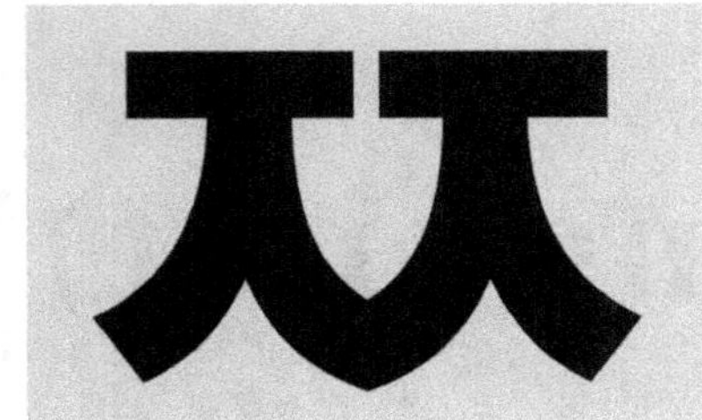

KONSONANT #19

쌍지읏 (ssang ji-ŭt)

Anfänglicher Konsonantenlaut 'jj' 쪽 [**jj**ok] Seite
ENDKONSONANTENLAUT NICHT ANWENDBAR

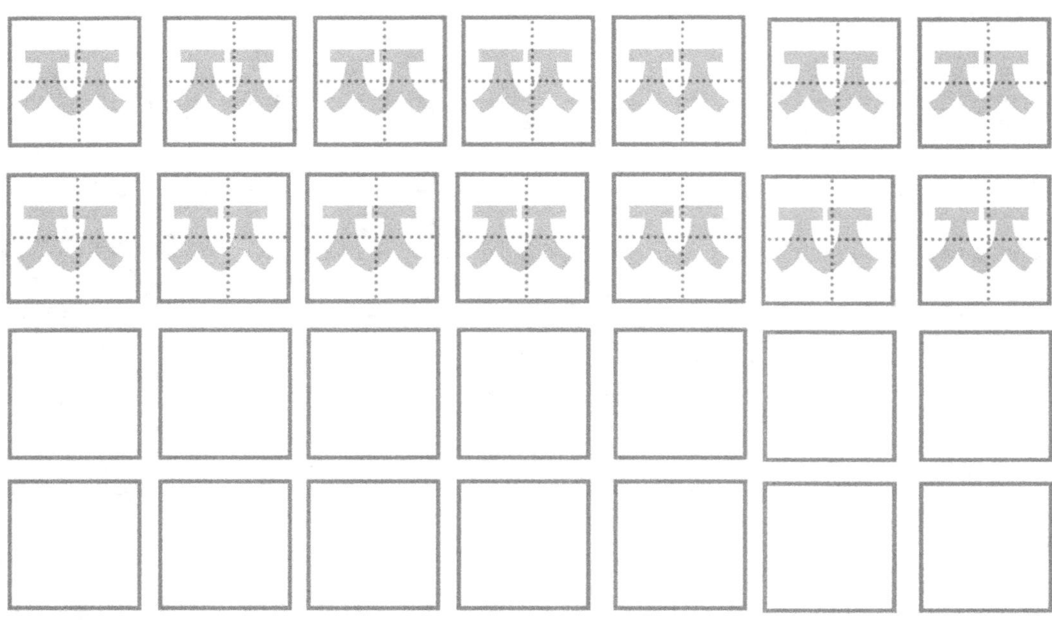

MP3 〈25〉

Anfänglicher Konsonantenlaut 'jj'	Endkonsonantenlaut	Wenn ein Vokal folgt	Wenn ein Konsonant folgt
짜장면 [**jj**ajangmyŏn] koreanisches Nudelgericht	Technisch gesehen müsste es genauso ausgesprochen werden wie ㅈ Batchim (t), aber es gibt im Koreanischen keine Wörter, die ㅉ als Batchim verwenden.	Technisch gesehen müsste es genauso ausgesprochen werden wie ㅈ Batchim (t), aber es gibt im Koreanischen keine Wörter, die ㅉ als Batchim verwenden.	Technisch gesehen müsste es genauso ausgesprochen werden, wie ㅈ Batchim (t), so dass es den folgenden Konsonanten genauso beeinflusst, wie es ㅈ (t) tun würde.

짬 [**jj**am] Muße

찜 [**jj**im] Abdämpfung

짝 [**jj**ak] Paar

찌개 [**jj**igae] Eintopf

40

VOKAL #1

TYP : RECHTS

(a) Englisches Entsprechung – P**a**p**a**
Koreanisches Beispiel 자두 [j**a**du] Pflaume

VOKAL #2

TYP : RECHTS

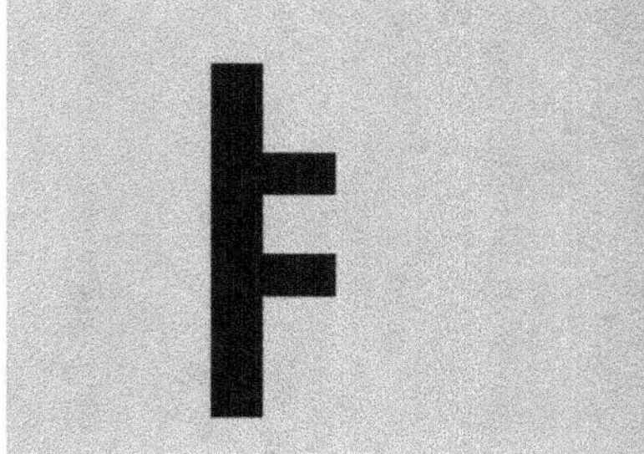

(ya)

Englisches Entsprechung – See **ya**!
Koreanisches Beispiel 야구 [**ya**gu] Baseball

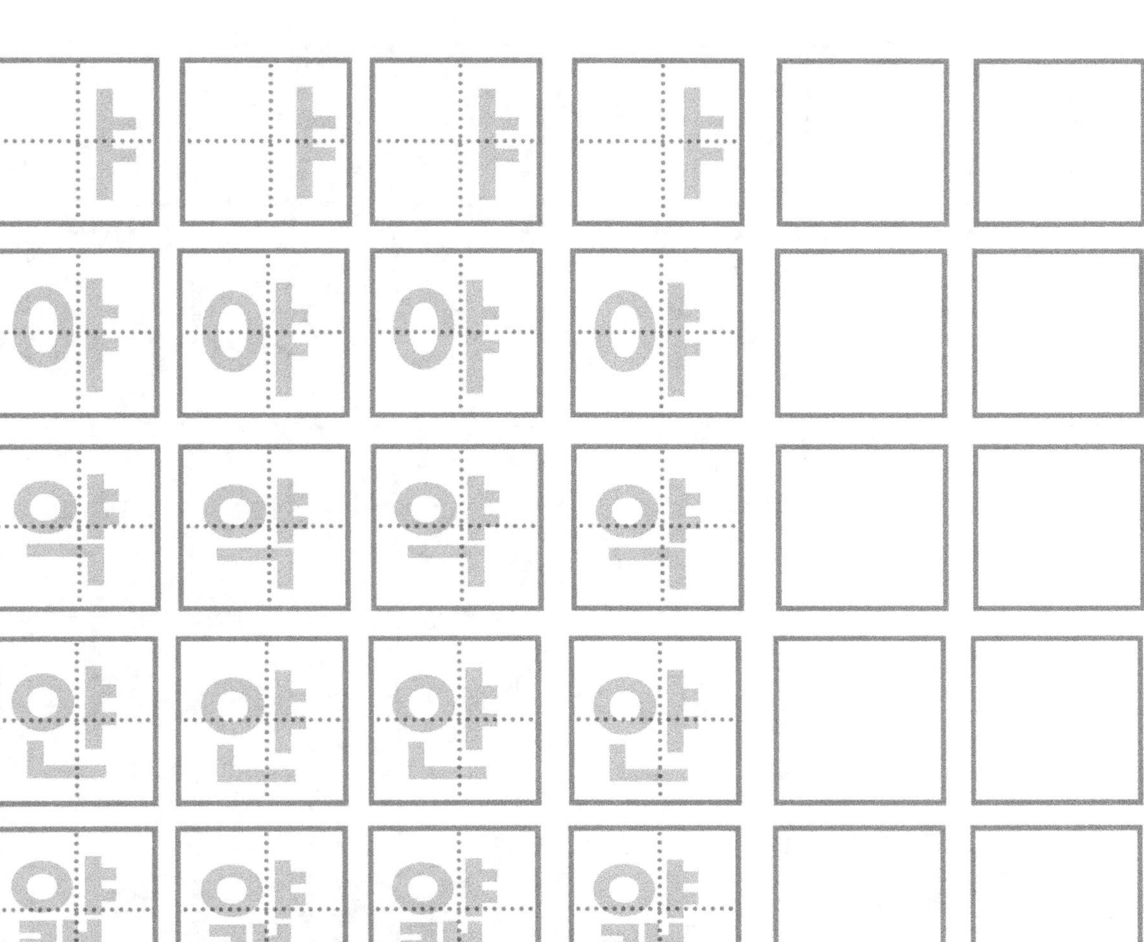

VOKAL #3

TYP : RECHTS

(ŏ) Englisches Entsprechung - **u**p
Koreanisches Beispiel 접시 [jŏpsi] Assiette

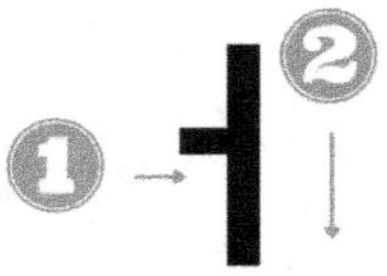

VOKAL #4

TYP : RECHTS

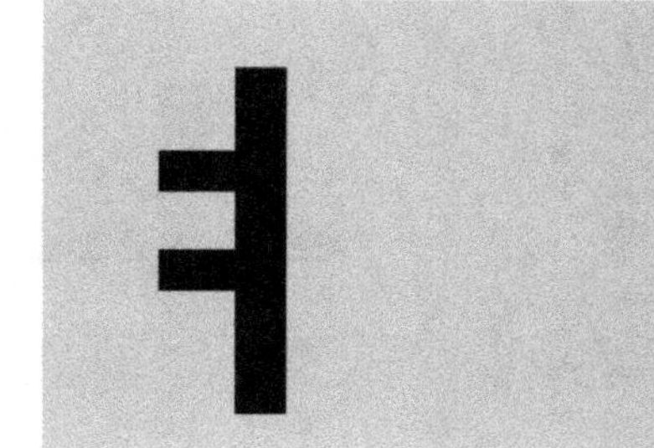

(yǒ)

Englisches Entsprechung – **you**ng
Koreanisches Beispiel 영화 [**yǒ**nghwa] Film

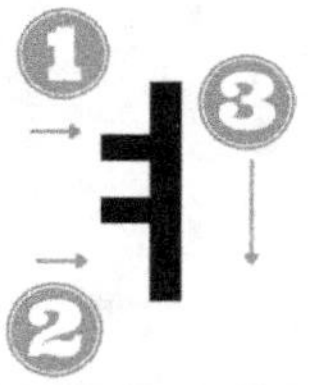

VOKAL #5

TYP : UNTERER

(o) Englisches Entsprechung - **o**ver
Koreanisches Beispiel 오리 [**o**ri] Ente

VOKAL #6

TYP : UNTERER

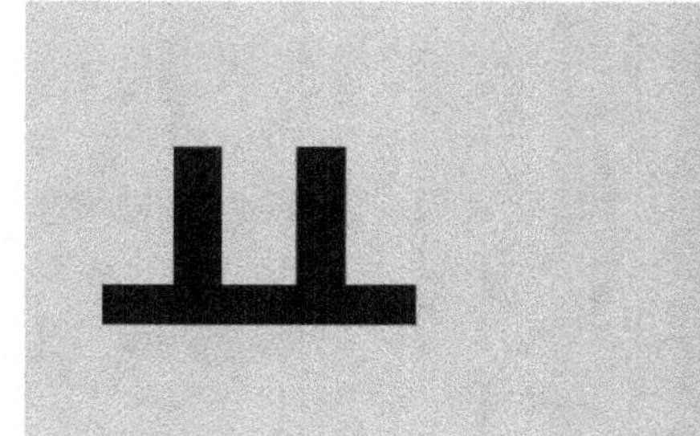

Englisches Entsprechung – **yo**gurt
Koreanisches Beispiel 요리 [**yo**ri] Kochen

(yo)

VOKAL #7

TYP : UNTERER

(**u**) Englisches Entsprechung – r**oo**t
Koreanisches Beispiel 자두 [jad**u**] Pflaume

VOKAL #8

TYP : UNTERER

(yu)

Englisches Entsprechung - **you**
Koreanisches Beispiel 소유 [so**yu**] Besitz

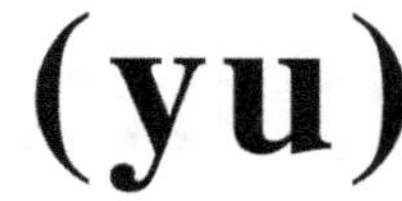

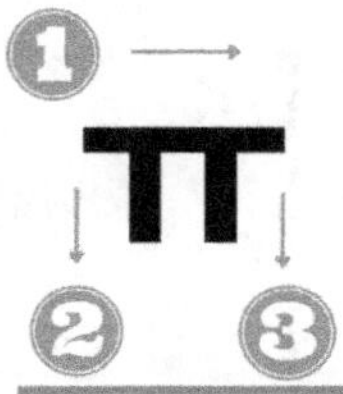

VOKAL #9

TYP : UNTERER

(a) Englisches Entsprechung - g**oo**d
Koreanisches Beispiel 그림 [gǔrim] Bild

VOKAL #10

TYP : RECHTS

(i)

Englisches Entsprechung – hit
Koreanisches Beispiel 소리 [sori] Laut

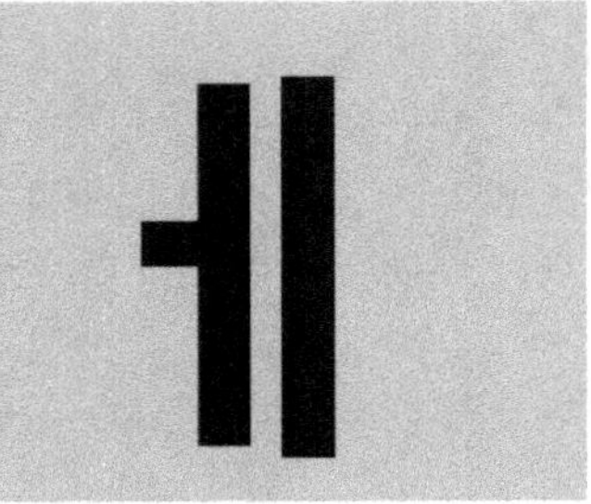

VOKAL #11

TYP : RECHTS

(e) Englisches Entsprechung – **e**nergy
Koreanisches Beispiel 세기 [s**e**gi] Stärke

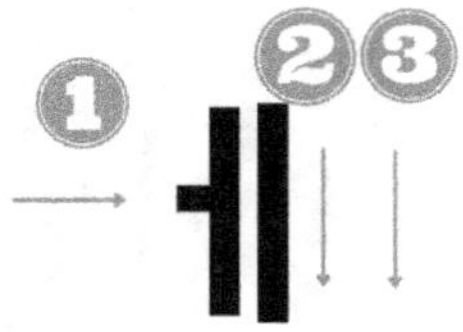

VOKAL #12

TYP : RECHTS

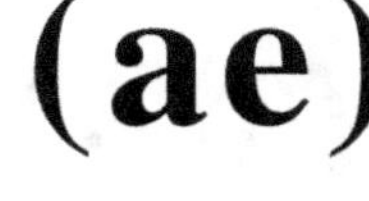

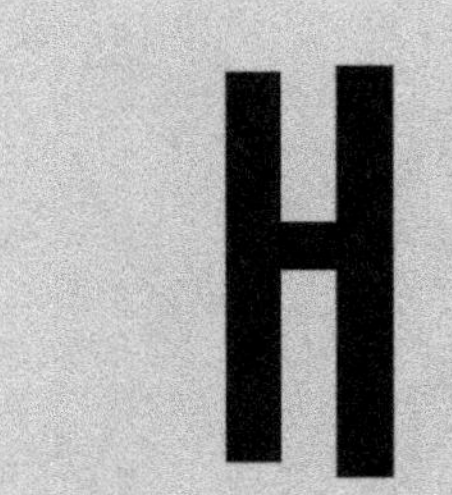

Englisches Entsprechung – table
Koreanisches Beispiel 애기 [aegi] Baby

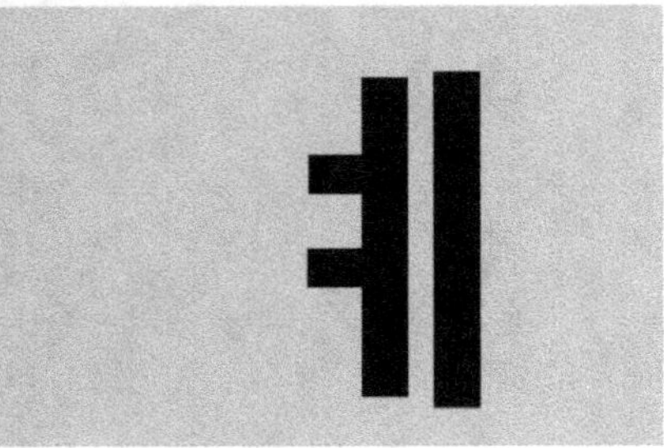

VOKAL #13

TYP : RECHTS

(ye)

Englisches Entsprechung - **ye**s
Koreanisches Beispiel 예술 [**ye**sul] Kunst

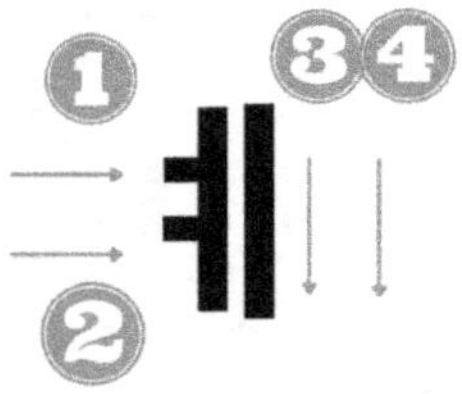

VOKAL #14

TYP : RECHTS

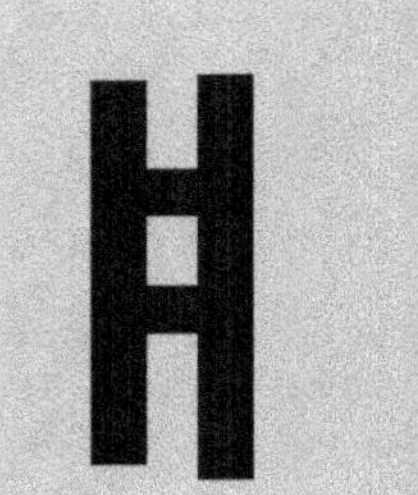

Englisches Entsprechung – **ye**s
Koreanisches Beispiel 애기 [**yae**gi] Geschichte **(yae)**

VOKAL #15

TYP : KOMBINIERTER

(wa) Englisches Entsprechung - **wha**t
Koreanisches Beispiel 과일 [g**wa**il] Obst

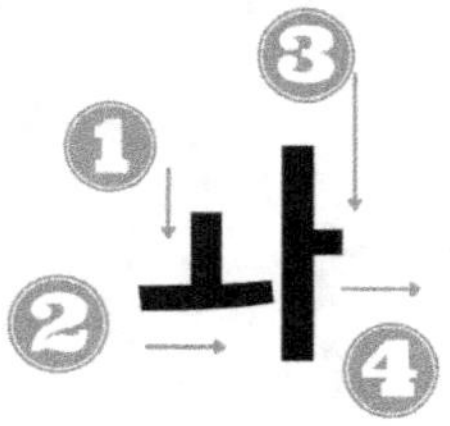

VOKAL #16

TYPE :KOMBINIERTER

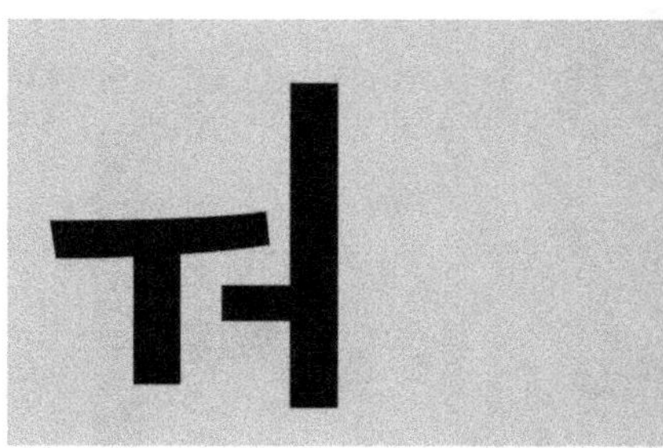

Englisches Entsprechung - **wo**nder
Koreanisches Beispiel 권투 [g**wo**ntu] Boxen 

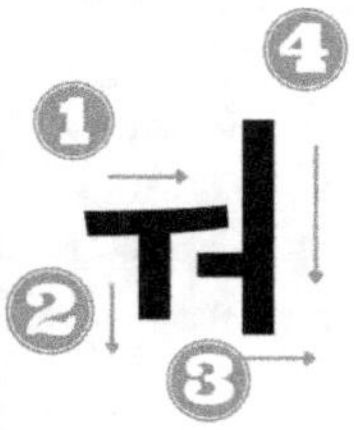

VOKAL #17

TYPE : KOMBINIERTER

(ǔi) Englisches Entsprechung – We
Koreanisches Beispiel 의자 [ǔija] Stuhl

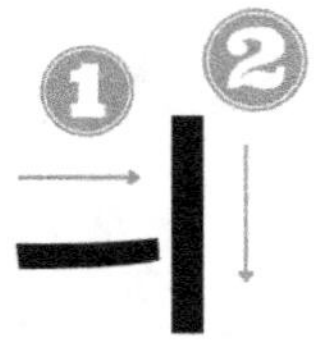

VOKAL #18
TYPE : KOMBINIERTER

Englisches Entsprechung – **we**t
Koreanisches Beispiel 최고 [ch**oe**go] Beste **(oe)**

ㅚ ist ㅗ + ㅣ, also scheint "oe" richtig zu sein, wenn man die Regeln befolgt, aber es wird wie "wä" ausgesprochen und wird nicht als "Doppelvokal" betrachtet.

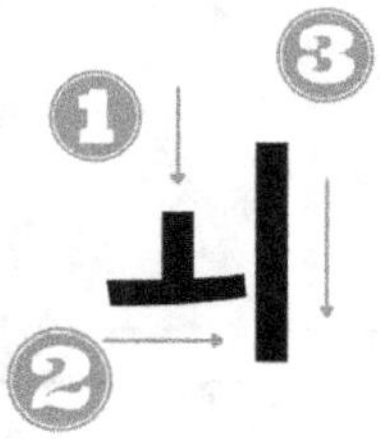

VOKAL #19

TYPE : KOMBINIERTER

(we)

Englisches Entsprechung - q**ue**st
Koreanisches Beispiel 훼손 [h**we**son]
Verletzung

VOKAL #20
TYPE : KOMBINIERTER

Englisches Entsprechung – **whe**re
Koreanisches Beispiel 안돼 [and**wae**] "pustekuchen!"

(wae)

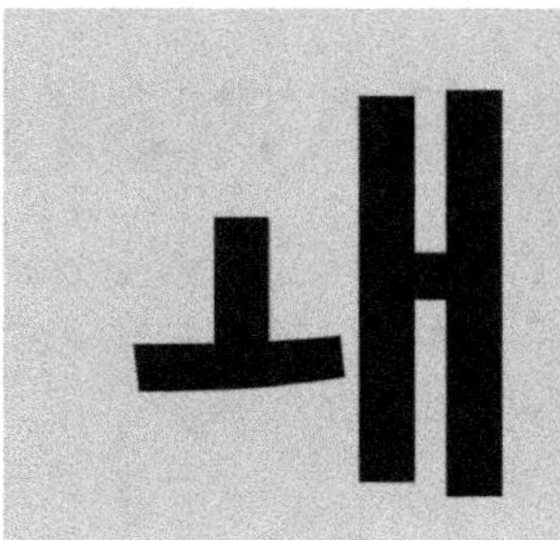

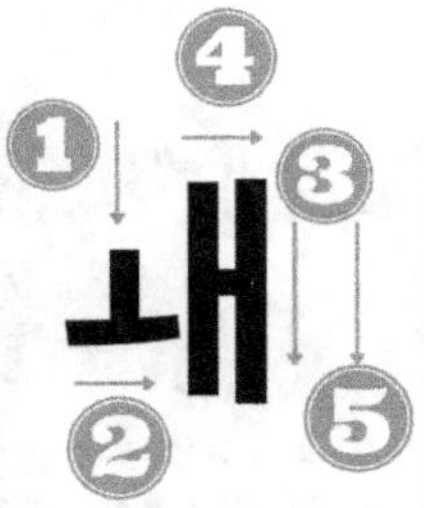

SATZSTRUKTUR

Wie Sie sehen werden, sind die koreanischen Sätze in der folgenden Reihenfolge aufgebaut. Das mag im Moment etwas seltsam aussehen, aber Sie werden sich daran gewöhnen, wenn wir mehr üben werden.

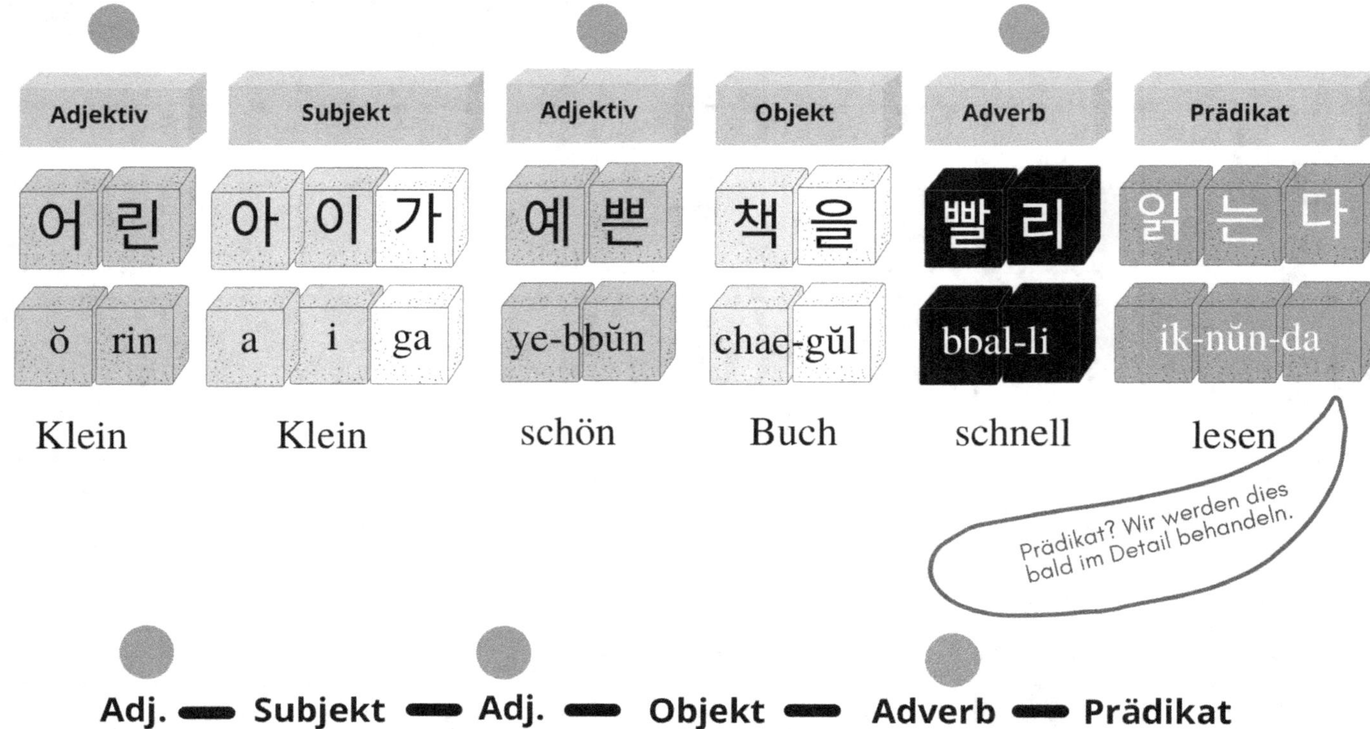

Die roten Punkte zeigen an, dass sie nicht unbedingt notwendig sind, damit ein Satz einen Sinn ergibt. Das heißt, Subjekt / Objekt / Prädikat sind die einzigen Elemente, die notwendig sind, damit ein Satz eine Bedeutung hat.

아이가 책을 읽는다 = Das Kind liest ein Buch.

Eine Tatsache, die Sie bemerkt haben sollten, ist, dass "는" direkt nach dem Subjekt und "를" direkt nach dem Objekt kommt. Wir haben sie absichtlich ungefärbt gelassen! Du siehst, dass es dafür keine Übersetzung gibt. Das liegt daran, dass es keine Wörter gibt, die ihnen direkt entsprechen.

In einem gewissen Sinne ähneln sie dem Konzept der englischen Grammatik, etwas, das nicht ins Koreanische übersetzt werden kann, und man kann die Bedeutung eines Satzes auch ohne sie verstehen.

SUBJEKT-MARKIERER – 이/가

Eine Subjekt-Markierung steht nach einem Subjekt, um anzuzeigen, **was/welches das Subjekt des Satzes ist**. Nehmen wir das folgende Beispiel,

무엇이 높아요? mu-ŏ-si no-pa-yo?] Was ist hoch?

하늘이 높아요. [ha-nŭ-ri no-pa-yo] (Es ist) der Himmel, der hoch ist.

Wie Sie sehen können, wird 이 verwendet, um anzugeben, was/welches das Subjekt in einem bestimmten Satz ist.

• •

누가 학생인가요? [nu-ga hak-saeng-in-ga-yo?] Wer ist eine Studentin?
그녀가 학생입니다. [gŭ-nyŏ-ga hak-saeng-ip-ni-da.] (Es ist) sie, die eine Studentin ist.

Auch hier wird 가 verwendet, wenn es um die Handlung/Beschreibung (wer & Student) des Subjekts geht.

Nehmen wir nun an, dass Sie die obige Frage von der vorigen Seite mit einem Thema-Markierer 는 beantwortet haben.

그녀는 학생입니다. [gŭ-nyŏ-nŭn hak-saeng-ip-ni-da.] (Was) sie betrifft, so ist sie eine Studentin.

Das macht einfach keinen Sinn, oder? Die Frage bezieht sich darauf, was/wer/welches das Subjekt ist, aber die Antwort gibt die Beschreibung von ihr an (d. h. "Studentin").

• •

Welches Wort ist zu verwenden? 가 nach einem Wort, das mit einem Vokal endet (d. h. ohne Batchim), und 이 nach einem Wort, das mit einem Endkonsonanten endet (d. h. 받침).

THEMA-MARKIERER - 은/는

In ähnlicher Weise besteht die Hauptaufgabe eines Thema-Markierers darin, anzuzeigen, worüber gesprochen wird. Mit anderen Worten, er bezieht sich auf die Handlung/Beschreibung des Themas. Obwohl es keine direkte Übersetzung gibt, kann man es sich als "wie für/was" vorstellen.

하늘은 어때요? [Ha-nǔl-**ǔn** ǒ-ddae-yo?] (**Wie für**) den Himmel, wie ist es?

하늘은 높다. [Ha-nǔl-**ǔn** nop-da] (**Was**) den Himmel betrifft, so ist er hoch.

Wie Sie sehen können, wird 은 verwendet, wenn es um die Handlung/Beschreibung (wie & hoch) des Subjekts geht.

• •

그녀는 무엇인가요? [gǔ-nyǒ-**nǔn** mu-ǒ-sin-ga-yo?] (**Was**) sie angeht, was ist sie?

그녀는 학생입니다. [gǔ-nyǒ-**nǔn** hak-saeng-ip-ni-da.] (**Was**) sie betrifft, so ist sie eine Studentin.

Auch hier wird 는 verwendet, wenn es um die Handlung/Beschreibung (wer & Student) des Subjekts geht.

• •

> Welches ist zu verwenden? 은 nach einem Wort, das mit einem Vokal endet (d. h. ohne Batchim), und 는 nach einem Wort, das mit einem Endkonsonanten endet (d. h. 받침).

PRAXIS-QUIZ

Bestimmen Sie nun das SUBJEKT und das OBJEKT in den folgenden Sätzen.

Lassen Sie uns einen Kreis für das Subjekt und ein Dreieck für das Objekt verwenden!

EX

강아지가 하늘을 본다.
Ein Welpe schaut in den Himmel.

귀여운 아이가 차가운 물을 마신다
Ein süßes Kind trinkt kaltes Wasser.

배고픈 사람이 라면을 먹었다.
Ein hungriger Mensch isst Ramen.

늙은 할아버지가 어린 손자를 보았다.
Ein alter Opa schaut ein kleines Enkelkind an.

Einem aufgeweckten Schüler wie dir sollte aufgefallen sein, dass das, was ein 이/가 beinhaltet, das Subjekt und 을/를 das Objekt ist!

Antworten :
Subjekt 강아지 Objekt 하늘
Subjekt 아이 Objekt 물
Subjekt 사람 Objekt 라면
Subjekt 할아버지 Objekt 손자

Wir haben gelernt, wie Sätze auf Koreanisch aufgebaut sind. Jetzt wollen wir sie üben!

Setze die folgenden Teile in der richtigen Reihenfolge zusammen, um einen Satz zu vervollständigen.

마신다   물을   나는
zu trinken   Wasser   ich

―――――――――――――

우리는   영화를   본다   무서운
wir   Film   ansehen   gruselig

―――――――――――――

배고픈   급히   고양이가   먹는다   빵을
hungrig   eilig   Katze   zu essen   Brot

―――――――――――――

천천히   마신다   뜨거운   영희가   차를   예쁜
langsam   zu trinken   heiß   Young-hee   Tee   schön

―――――――――――――

Antworten : 나는 물을 마신다 / 우리는 무서운 영화를 본다 / 배고픈 고양이가 빵을 급히 먹는다
예쁜 영희가 뜨거운 차를 천천히 마신다

Einige der folgenden Wörter haben eine falsche Subjekt-/Objektmarkierung.
Bitte kreisen Sie die falschen Wörter ein.

*Sie brauchen nicht zu wissen, was das Wort bedeutet, denn Sie müssen nur in der Lage sein,
ein Wort, das mit einem Konsonanten oder einem Vokal endet, richtig zu identifizieren. Lasst uns
an dieser Fertigkeit arbeiten!

사람가	이름이	하늘이
아기이		세모가
희망이	물가	집가
발가	양이	
미래이	책이	컴퓨터가

Antworten: 사람가 / 아기이 / 물가 / 집가 / 발가 / 미래이

Und nun haben wir etwas über Subjekt-/Objektmarker gelernt! Weißt du noch, wann man 은/는 und 이/가 verwendet?

Sie hängen davon ab, ob das Wort, mit dem sie verbunden sind, mit einem Konsonanten oder einem Vokal endet.
Lasst sie uns üben!

Wählen Sie zwischen 은/는.

엄마 ☐   아빠 ☐   책 ☐   하늘 ☐

*Auch hier brauchen Sie nicht zu wissen, was das Wort bedeutet, sondern
nur, ob es mit einem Konsonanten oder einem Vokal endet.

콩 ☐   오리 ☐   내일 ☐   잠 ☐

Antworten : 엄마는 / 아빠는 / 책은 / 하늘은 / 콩은 / 오리는 / 내일은 / 잠은

Wählen Sie zwischen 이/가.

엄마 ☐   아빠 ☐   책 ☐   하늘 ☐

콩 ☐   오리 ☐   내일 ☐   잠 ☐

Antworten : 엄마가 / 아빠가 / 책이 / 하늘이 / 콩이 / 오리가 / 내일이 / 잠이

Nun, da wir etwas über das Thema/Subjekt-Marker gelernt haben, lass uns tiefer graben, um die feinen Unterschiede in der Nuance zu verstehen!

Dein Grammatikdoktor, Dr. Kim, ist hier, um dir zu helfen!

Um ehrlich zu sein, sind der Themen- und der Subjektmarker etwas, das koreanische Muttersprachler benutzen, ohne nachzudenken, so dass, wenn sie gefragt werden zu erklären, was sie sind und was sie tun, nicht viele in der Lage wären, sie zu beantworten.

Aber für Ausländer (außer für Japaner, deren Sprache die gleichen Elemente hat), sind sie sehr verwirrend zu verstehen.

Ohne weiteres drumherum, lass mich es dir erklären und ein richtiges Rezept geben, damit du sie schnell und einfach lernen kannst!

Vertrau mir, ich bin ein (Grammatik-)Arzt.

"Ein vs. Die/Der/Das"

Nehmen wir an, wir sprechen über ein neues Subjekt, sagen wir - einen Computer.
Dann würden wir im Deutschen den unendlichen Artikel "einen" vor dem Subjekt verwenden.

Nachdem wir ein wenig mehr über den Computer gesprochen haben, würden wir den bestimmten Artikel "der/die/das" verwenden.

이/가 und 은/는 sind in diesem Punkt ähnlich. 이/가 wird verwendet, wenn etwas zum ersten Mal erwähnt wird, und 은/는 wird verwendet, um anzuzeigen, was man erzählt hat.

Zum Beispiel,

신발이 크다. [sin-ba-**ri** kŭ-da.] **Ein** Schuh ist groß.
그런데 **그** 신발은 예쁘다. [gŭ-reon-de **gŭ** sin-ba-**rŭn** ye-bbŭ-da.] Aber **der** Schuh **ist** hübsch.

(Beachte, dass 그 (der/die/das) hinzugefügt wird und 은 dem Subjekt folgt).

"Kontrast"

이/가 wird für die allgemeine Aussage und 은/는 für den Kontrast verwendet.

신발이 있다. [sin-ba-**ri** it-dda.] Da **ist** ein Schuh.
신발은 있다. 그런데 모자는 없다.
[sin-ba-**rŭn** it-dda. gŭ-reon-de mo-ja-**nŭn** ŏp-dda.]
Es gibt einen Schuh, aber **es** gibt keinen Hut.

Hier ist 신발 Schuh das Hauptsubjekt des Satzes, und es gibt keinen Kontrast, also ist es 이.
Im zweiten Satz wird jedoch ein Vergleich zwischen 신발 und 모자 gemacht.
Deshalb werden 은/는 in dem Satz verwendet.

"Betonung"

Zum Beispiel,

신발이 크기는 하다. [sin-ba-ri keu-gi-**nŭn** ha-da.] (Der) Schuh **ist in der Tat** groß.
신발이 예쁘기는 하다. [sin-ba-ri ye-bbeu-gi-**nŭn** ha-da.] (Der) Schuh **ist in der Tat** hübsch.

(크기는 und 예쁘기는 sind konjugierte Form die Adjektive 크다/예쁘다)

OBJEKT MARKIERUNG -
을/를

Objektmarker bedeutet, dass ein Substantiv als Objekt im Satz fungiert. Als allgemeine Faustregel gilt, dass ein Objekt in einem Satz (eine Sache oder eine Person) **die Handlung erhält und durch das Verb vom Subjekt beschrieben wird.**

수지가 책을 >읽어요<. [**su-ji**-ga chae-gŭl >il-gŏ-yo<.] **Suji** >liest< ein Buch.

Hier ist 수지 das Subjekt und 책 ist das Objekt, das die Aktion vom Subjekt 수지 erhält, nämlich 'lesen'.

민호가 운동장을 >달려요<.
[**min-ho**-ga un-dong-jang-**ŭl** >dal-lyŏ-yo<.] **Minho** >läuft< auf dem Spielplatz.

Hier ist 민호 das Subjekt und 운동장 das Objekt, das die Aktion vom Subjekt 민호 erhält, nämlich 'laufen'.

Welches soll man verwenden? 을 nach einem Wort, das mit einem Vokal endet (d.h. kein Batchim), und 를 nach einem Wort, das mit einem Endkonsonanten endet (d.h. 받침).

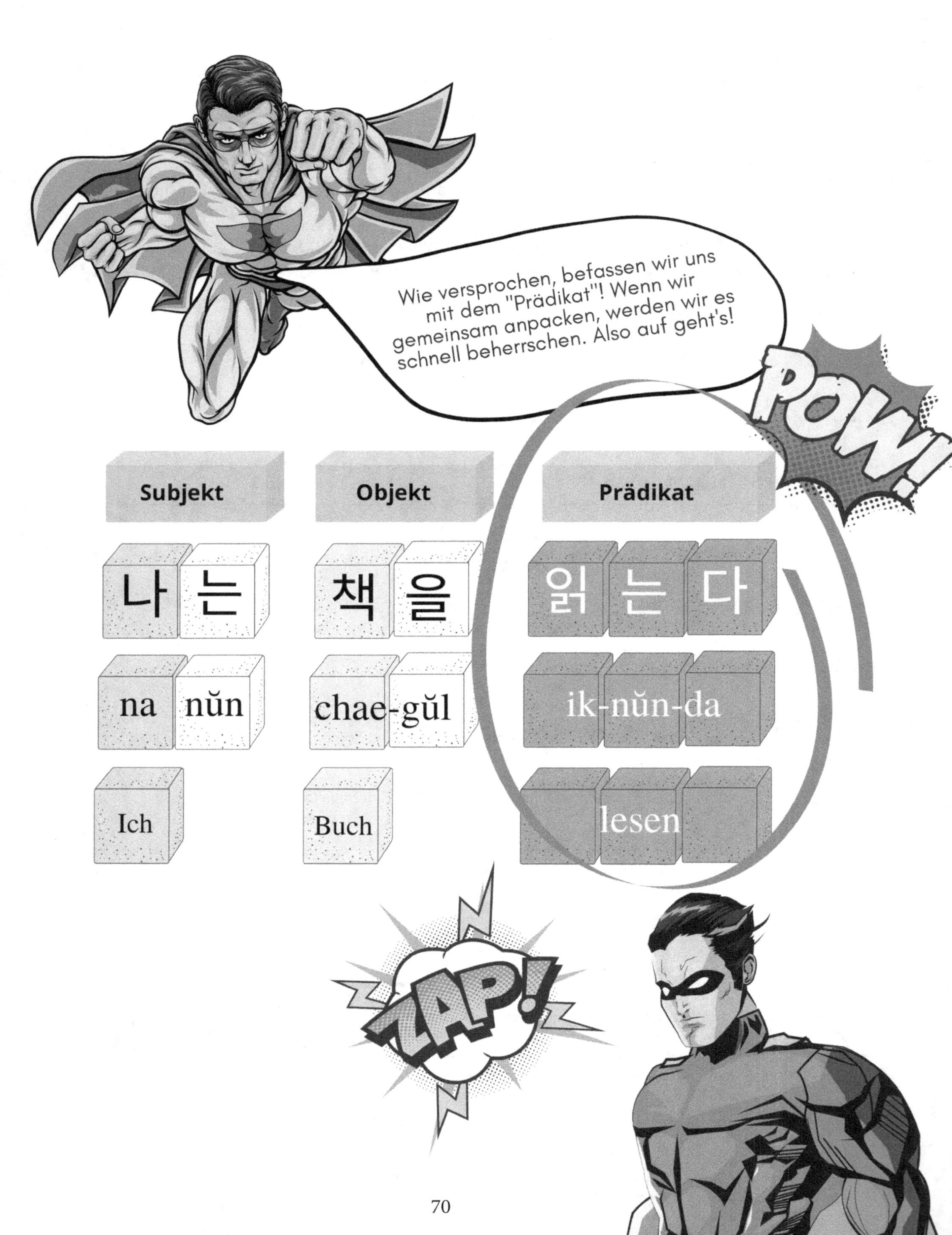
Wie versprochen, befassen wir uns mit dem "Prädikat"! Wenn wir gemeinsam anpacken, werden wir es schnell beherrschen. Also auf geht's!
POW!
ZAP!
Subjekt
Objekt
Prädikat
나 는
책 을
읽 는 다
na nŭn
chae-gŭl
ik-nŭn-da
Ich
Buch
lesen

PRÄDIKAT

Ohne sie können wir nicht klar verstehen, was der Gegenstand tut (Verb) oder wie er aussieht (Adjektiv), und deshalb werden Adjektive im Koreanischen auch beschreibende Verben genannt!

bin / ist / sind
Im Deutschen ist es sehr einfach, ein Verb von einem Adjektiv zu unterscheiden, indem man sich die Struktur ansieht, denn ein Adjektiv erfordert immer eines der Verben "bin", "ist" und "sind ".
Im Koreanischen sehen die (nicht konjugierten) Grundformen von Verben und Adjektiven jedoch ähnlich aus, denn sie enden auf 다. Zum Beispiel,
보다 (sehen)
예쁘다 (ist schön)
enden beide auf 다, und es ist schwer zu sagen, welches ein Verb und welches ein Adjektiv ist. Man muss sich die Bedeutung ansehen, um zu erkennen, um was es sich handelt (was wiederum der Grund dafür ist, dass es auch "beschreibendes Verb" genannt wird).

먹다 (essen)

Was vor 다 steht, ist der Stamm eines Verbs.
Er wird Stamm genannt, weil er sich nicht verändert.

Ein Adjektiv wie "hübsch" ist 예쁘다 und "weit" ist 멀다.

Hier sind die Stämme für jedes 예쁘 und 멀.

Auch die Endung wird je nach Situation unterschiedlich konjugiert (zwanglos, formell, respektvoll, usw.) Darauf gehen wir später ein.

Hauptpunkt: Sowohl koreanische Verben als auch Adjektive können konjugiert werden.

PRAXIS-QUIZ

Lernen Sie, den Stammteil der folgenden Prädikate zu erkennen!

Unterstreichen Sie den Stammteil.

먹다 (zu essen)   귀엽다 (ist süß)   뛰다 (rennen)

읽다 (zu lesen)무섭다 (ist beängstigend)보다 (zu sehen)

입다 (zu tragen)   느리다 (ist langsam)   빠르다 (ist schnell)

구르다 (zu rollen)   짜다 (ist salzig)   공부하다 (studieren)

멀다 (ist weit)   길다 (ist lang)   늦다 (ist spät)

앉다 (zu sitzen)   배우다 (lernen)   높다 (ist hoch)

Antworten
먹 / 귀엽 / 뛰
읽 / 무섭 / 보
입 / 느리 / 빠르
구르 / 짜 / 공부하
멀 / 길 / 늦
앉 / 배우 / 높

Kategorisiere den folgenden Satz von Prädikaten unten.

예쁘다 (ist schön)   뛰다 (laufen)   느리다 (ist langsam)

읽다 (zu lesen)   늦다 (ist spät)   높다 (ist hoch)

아프다 (ist krank)   울다 (zu weinen)   학생이다 (ist ein Student)

1) Person / Sache

2) Bewegung

3) Form / Merkmale

4) Zustand

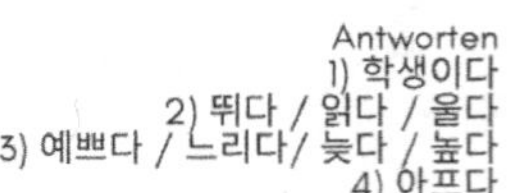

Antworten
1) 학생이다
2) 뛰다 / 읽다 / 울다
3) 예쁘다 / 느리다 / 늦다 / 높다
4) 아프다

74

Adjektive und Konjugierungs-Regeln

Wenn ein Adjektiv jedoch als Adjektiv und nicht als Prädikat verwendet wird, nimmt es eine andere Form an und steht immer VOR einem Substantiv, wobei einige allgemeine Regeln gelten, die im Folgenden aufgeführt sind.

Das ㄴ Batchim wird an den Adjektivstamm angehängt, der auf einen Vokal endet.

예쁘다 "ist hübsch"

Als Prädikat : 고양이가 예쁘다. "Die Katze **ist hübsch**."

Als Adjektiv : **예쁜** 고양이 "**hübsche** Katze"

1) 예쁘 Stamm bleibt erhalten.

2) Die Endung "다" entfällt

3) ㄴ Batchim wird zu 예쁘 hinzugefügt, so dass es 예쁘 + ㄴ = 예쁜

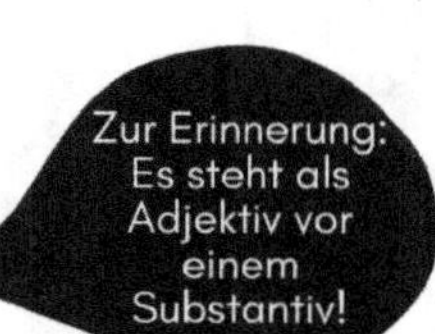

빠르다 "ist schnell"

Als Prädikat : 고양이가 **빠르다**. "Die Katze **ist schnell**."

Als Adjektiv : **빠른** 고양이 "**schnelle** Katze"

1) 빠르 Stamm bleibt erhalten.

2) Die Endung "다" entfällt

3) ㄴ Batchim wird zu 예쁘 hinzugefügt, so dass es 빠르+ ㄴ = 빠른

은

wird an den Adjektivstamm angefügt, der auf einen Konsonanten endet.

검다 "ist schwarz"

Als Prädikat : 고양이가 **검다**. "Die Katze **ist schwarz**."

Als Adjektiv : **검은** 고양이 "**schwarze** Katze"

1) 검 Stamm bleibt.

2) Die Endung '다' entfällt.

3) 은 wird an 검 angefügt, so dass es 검은 wird.

얕다 "ist seicht"

Als Prädikat : 호수가 **얕다**. "Der See **ist seicht**."

Als Adjektiv : **얕은** 호수 "**seichter** See"

1) 얕 Stamm bleibt.

2) Die Endung '다' entfällt.

3) 은 wird an 얕 angefügt, so dass es 얕은 wird.

Unregelmäßiges ㅂ Batchim Adjektiv

ㅂ Batchim des Stammes entfällt und **운** wird an den Stamm angehängt

---

뜨겁다 "ist heiß"

Als Prädikat : 물이 **뜨겁다**. "Das Wasser **ist heiß**."

Als Adjektiv : **뜨거운** 물 "**heißes** Wasser".

1) ㅂ Batchim des Stammes 뜨겁 wird fallen gelassen, so dass 뜨거 übrigbleibt.

2) Die Endung "다" wird gestrichen.

3) Anstelle von "은" wird "운" an 뜨거 angefügt, so dass es 뜨거운 heißt.

뜨겁다 › 뜨겁은 **(x)** 뜨거운 **(o)**

맵다 "ist scharf"

Als Prädikat : 국이 **맵다**. "Die Suppe **ist scharf**"

Als Adjektiv : **매운** 국 "**scharf** Suppe"

1) ㅂ Batchim des Stammes 맵 wird fallen gelassen, so dass 매 übrigbleibt.

2) Die Endung "다" wird gestrichen.

3) Anstelle von "은" wird "운" an 매 angefügt, so dass es 매운 heißt.

맵 › 맵은 **(x)** 매운 **(o)**

Es gibt noch viele andere Fälle von unregelmäßigen Adjektiven und Verben, aber die Kenntnis der häufigsten Typen reicht für den Moment aus. Wir werden die übrigen Sonderfälle im weiteren Verlauf behandeln!

Unregelmäßiges ㅎ Batchim Adjektiv

ㄴ Batchim ersetzt das **ㅎ** Batchim des Stammes

하얗다 "ist weiß"

Als Prädikat : 눈이 **하얗다**. "Der Schnee **ist weiß**."

Als Adjektiv : **하얀** 눈 "**weißer** Schnee"

1) Die Endung "다" entfällt, es bleibt der Stamm 하얗.

2) ㅎ Batchim des Stammes 하얗 entfällt, es bleibt 하야.

3) Anstelle von "은" kommt ㄴ Batchim an die Stelle von ㅎ, wodurch es zu 하얀 wird.

하얗다 › 하얗은 **(x)** 하얀 **(o)**

동그랗다 "ist rund"

Als Prädikat : 공이 **동그랗다**. "Der Ball **ist rund**."

Als Adjektiv : **동그란** 공 "**runder** Ball"

1) Die Endung "다" entfällt, es bleibt der Stamm 동그랗.

2) ㅎ Batchim des Stammes 동그랗 entfällt, es bleibt 동그라.

3) Anstelle von "은" kommt ㄴ Batchim an die Stelle von ㅎ, wodurch es zu 동그란 wird.

동그랗다 › 동그랗은 **(x)** 동그란 **(o)**

Adjektive und ihre Verwendungen

Im Koreanischen werden Adjektive verwendet, um das nachfolgende Subjekt/Objekt genauer und anschaulicher zu beschreiben. Je nachdem, welches Wort man wählt, kann sich die Bedeutung eines Satzes drastisch ändern.

Wir haben gerade behandelt, wie Adjektive als Prädikate ähnlich wie Verben verwendet werden können. Darüber hinaus gibt es zwei weitere Verwendungsmöglichkeiten von Adjektiven.

Hier beschreibt das Adjektiv 멋진 das Subjekt 자동차. Woher wissen wir, welches ein Subjekt und welches ein Objekt ist? Erinnern Sie sich an die Subjektmarkierung 이/가 und die Objektmarkierung 을/를? Auf 자동차 folgt 가, es ist also ein Subjekt. Schauen wir uns ein weiteres Beispiel an.

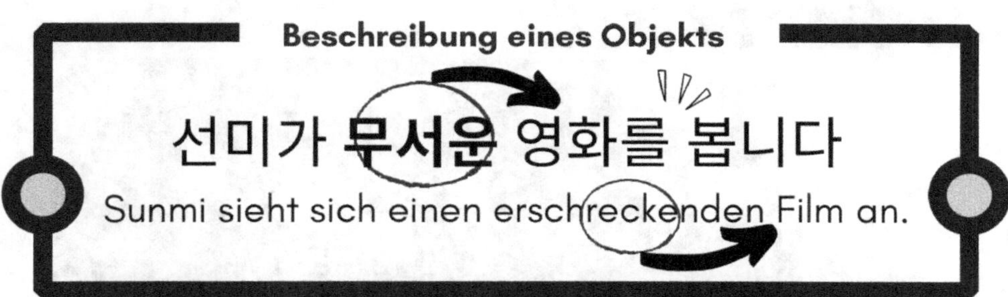

Hier kannst du sehen, dass 무서운 das Objekt 영화 beschreibt. Wir wissen, dass 영화 hier das Objekt ist (an dem eine Handlung ausgeführt wird), weil es von 를, einer Objektmarkierung, gefolgt wird.

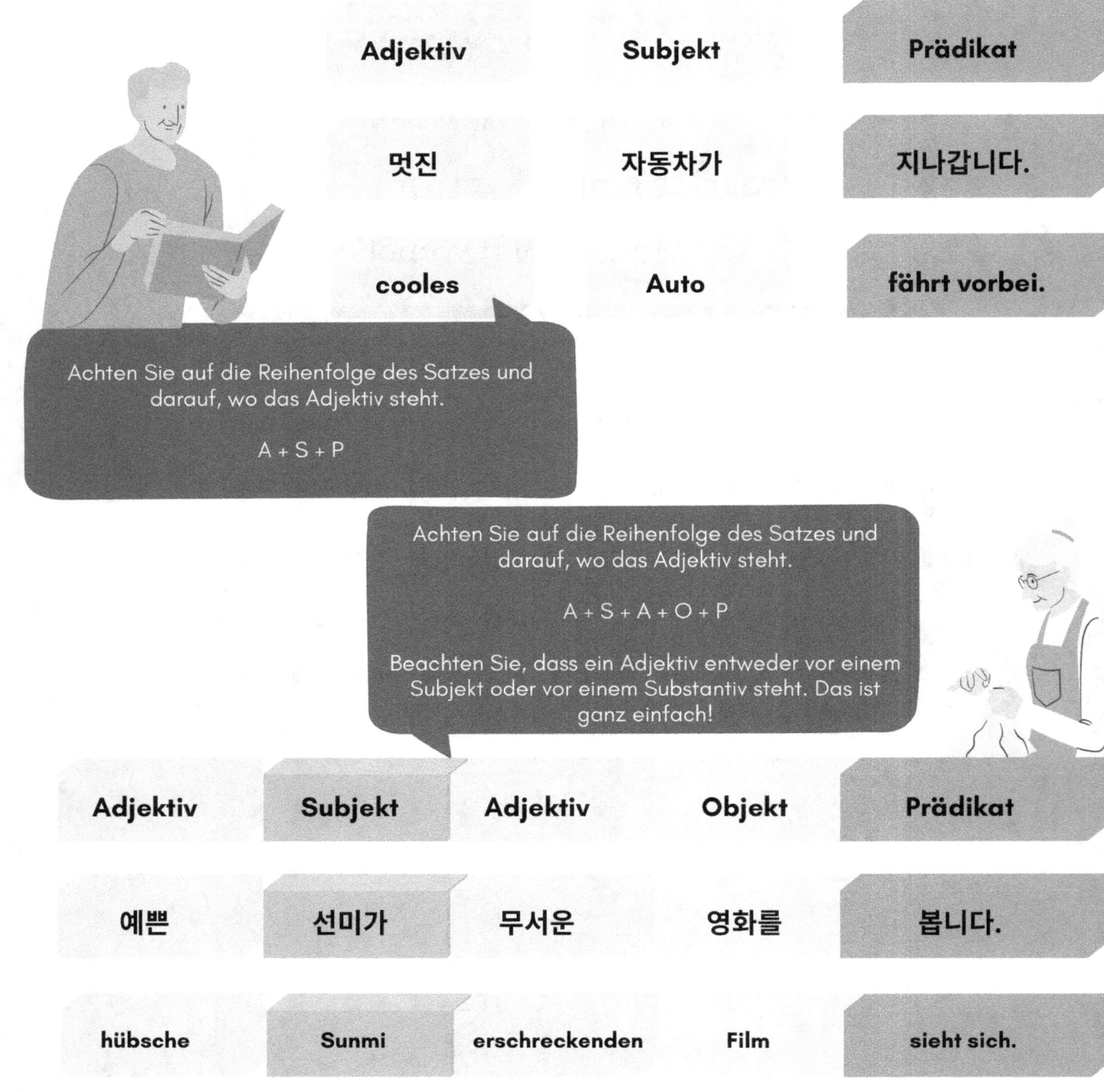
Adjektiv
Subjekt
Prädikat
멋진
자동차가
지나갑니다.
cooles
Auto
fährt vorbei.
Achten Sie auf die Reihenfolge des Satzes und darauf, wo das Adjektiv steht.
A + S + P
Achten Sie auf die Reihenfolge des Satzes und darauf, wo das Adjektiv steht.
A + S + A + O + P
Beachten Sie, dass ein Adjektiv entweder vor einem Subjekt oder vor einem Substantiv steht. Das ist ganz einfach!
Adjektiv
Subjekt
Adjektiv
Objekt
Prädikat
예쁜
선미가
무서운
영화를
봅니다.
hübsche
Sunmi
erschreckenden
Film
sieht sich.

PRAXIS-QUIZ

Wandle die folgenden Adjektivprädikate in die Grundform des Adjektivs um.

Das ㄴ Batchim wird an den Adjektivstamm angehängt, der auf einen Vokal endet.

무디다 **ist stumpf ->**   **stumpf**
못되다 **ist gemein ->**   **gemein**
깨끗하다 **ist sauber ->**   **sauber**
나쁘다 **ist schlecht ->**   **schlecht**
세다 **ist stark ->**   **stark**

ㅇㄴ wird an den Adjektivstamm angefügt, der auf einen Konsonanten endet.

얇다 **ist dünn ->**   **dünn i**
맑다 **ist klar ->**   **klar**
깊다 **ist tief ->**   **tief**
낮다 **ist niedrig ->**   **niedrig**
짧다 **ist kurz ->**   **kurz**

ㅂ Batchim des Stammes entfällt und ㅇㅜ wird an den Stamm angehängt

가볍다 **ist leicht ->**   **leicht**
쉽다 **ist einfach ->**   **einfach**
가깝다 **ist nah ->**   **nah**
뜨겁다 **ist heiß ->**   **heiß**
싱겁다 **ist fad ->**   **fad**

ㄴ Batchim ersetzt das ㅎ Batchim des Stammes

하얗다 **ist weiß ->**   **weiß**
까맣다 **ist schwarz ->**   **schwarz**
조그맣다 **ist klein ->**   **klein**
뿌옇다 **ist wolkig ->**   **wolkig**
동그랗다 **ist rund ->**   **rund**

Adverbien

Okay! Jetzt lernen wir ein weiteres superwichtiges Element kennen, das mit den Adjektiven, die wir gerade gelernt haben, zusammenhängt. Es sind Adverbien! Laut Definition sind sie Wörter oder Sätze, die ein Adjektiv, ein Verb oder ein anderes Adverb oder eine Wortgruppe abwandeln oder kennzeichnen und eine Beziehung in Bezug auf Ort, Zeit, Umstand, Art und Weise, Ursache, Grad usw. ausdrücken.

Das Adjektiv **careful** heißt im Englischen beispielsweise **carefully**, wenn es als Adverb verwendet wird.

Im Deutschen kann ein Adverb vor oder nach einem Verb stehen, aber im Koreanischen muss es vor einem Verb stehen und kann nicht vor einem Subjekt stehen.

Ich bin **schnell** nach Hause gelaufen.
(I **quickly** ran home.)

s   adv   v
나는 집에 빨리 뛰어갓다. (O)

s   adv   v
나는 빨리 집에 뛰어갓다. (O)

s   v   adv
나는 집에 뛰어갔다 빨리. (X)

adv   s   v
빨리 나는 집에 뛰어갔다. (X)

Außerdem gibt es verschiedene Arten von Adverbien und viele Ausnahmen von den Regeln. Daher ist es einfacher, sich mit ihnen vertraut zu machen, als zu versuchen, die Regeln auswendig zu lernen.

Regel Nr. 1 하다 -> ~게 / ~히 Typ

Bei Adjektiven, die mit "하다" enden, kannst du entweder
1) die Endung 다 durch 게 ersetzen, wie oben, oder
2) die Endung 하다 weglassen und sie durch "히" ersetzen.

Beide sind von der Bedeutung her identisch, haben aber einen feinen Unterschied in der Ausdrucksweise. Koreanische Muttersprachler verwenden sie austauschbar.

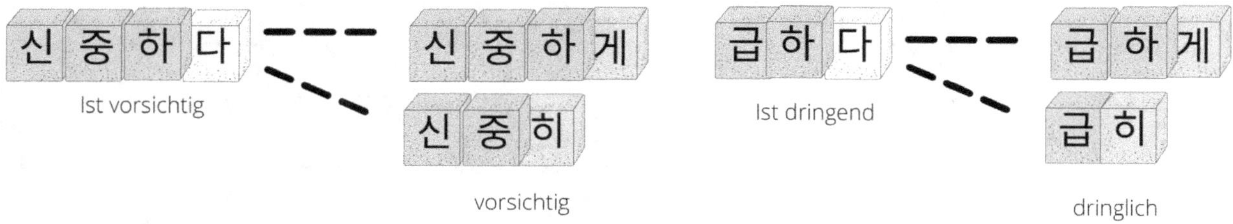

Regel Nr. 1-1 하다 -> ~이/히 Typ

Bei ~하다 Adjektiven, die mit einem Batchim ㅅ oder ㄱ enden, wird entweder ~이 oder ~히 an den Stamm angehängt. Am besten merkt man sie sich von Fall zu Fall.

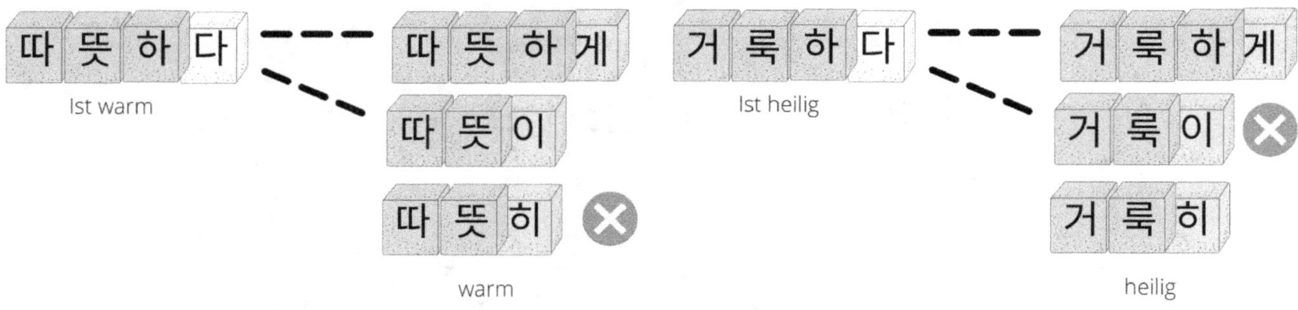

Regel Nr. 1 Ausnahme Beispiel

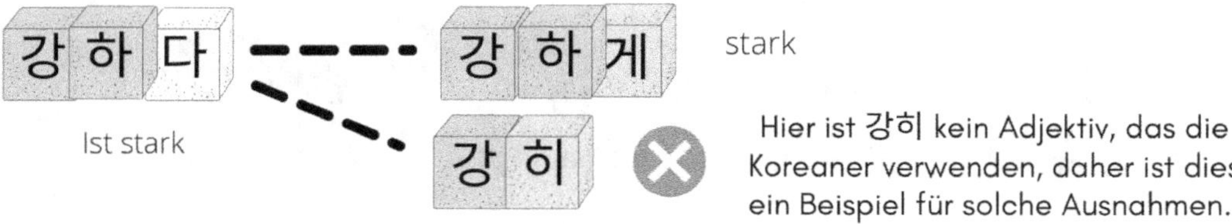

Hier ist 강히 kein Adjektiv, das die Koreaner verwenden, daher ist dies ein Beispiel für solche Ausnahmen.

Wenn Sie also ein Wort sehen, das mit ~하게 ~히 endet, können Sie es als Adverb identifizieren und seine Grundform erraten.

Regel Nr. 2 ~게-Typ

Bei Adjektiven, die mit 다 enden, ersetzen Sie die Endung 다 durch 게.

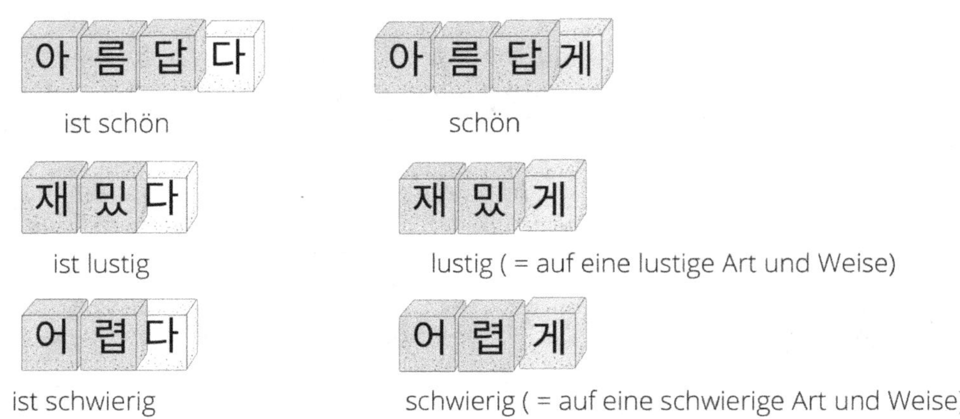

*Im Zweifelsfall ist es sicher, ~게 zu verwenden, weil es in jeder Situation funktioniert.

Regel Nr. 3 ~적으로

Und es gibt Adverbien, die die Form eines Substantivs + 적으로 haben.

Regel Nr. 4: Niemals die Formel ändern

Präge sie dir ein und benutze sie in ihrer ursprünglichen Form!

Hinweis: Diese Liste ist NICHT komplett und vollständig.

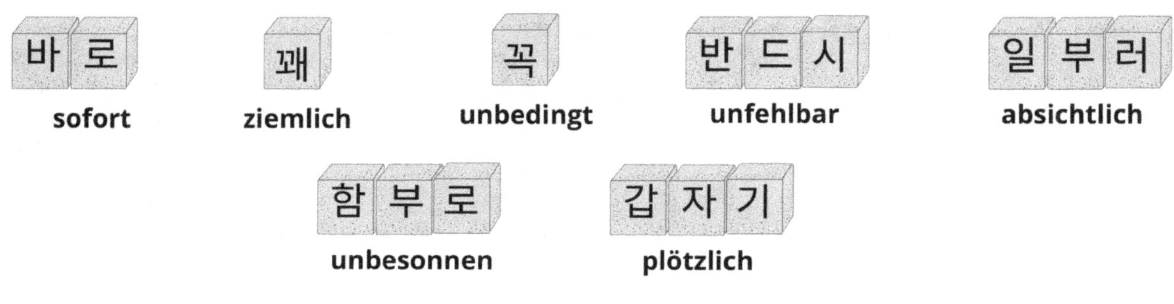

PRAXIS-QUIZ

Wandeln Sie die folgenden Adjektivprädikate in die Adverb Form um.

Regel Nr. 1 하다 -> ~게 / ~히 Typ

Bei Adjektiven, die mit "하다" enden, kannst du entweder
1) die Endung 다 durch 게 ersetzen, wie oben, oder
2) die Endung 하다 weglassen und sie durch "히" ersetzen.

Beide sind von der Bedeutung her identisch, haben aber einen feinen Unterschied in der Ausdrucksweise. Koreanische Muttersprachler verwenden sie austauschbar.

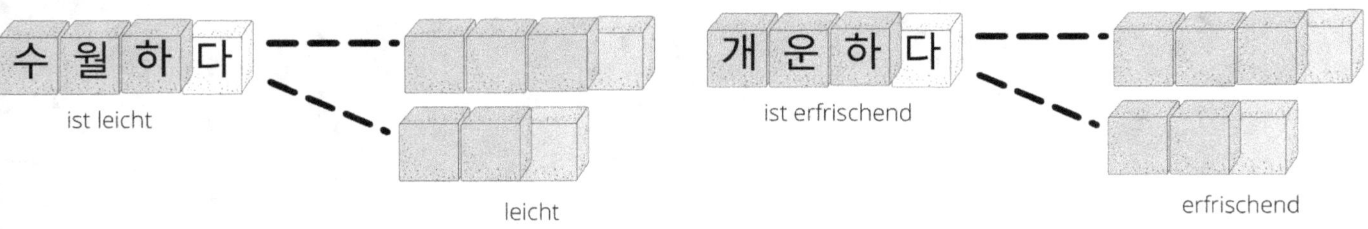

Antworten : 중요하게 / 중요히
건강하게 / 건강히   훌륭하게 / 훌륭히
수월하게 / 수월히   개운하게 / 개운히

Regel Nr. 2 : ~게-Typ

Bei Adjektiven, die mit 다 enden, ersetzen Sie die Endung 다 durch 게.

ist schön

schön

ist anstrengend

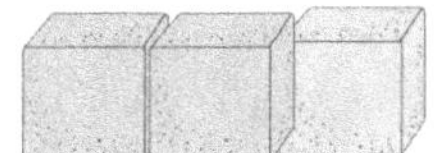

anstrengend (= auf eine anstrengende Weise)

ist stolz

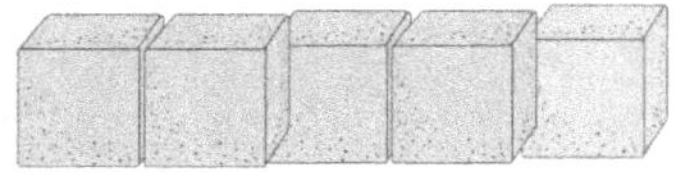

stolz

Antworten :
힘들게
자랑스럽게

Regel Nr. 3 : "-적으로"

Und es gibt Adverbien, die die Form eines Substantivs + 적으로 haben

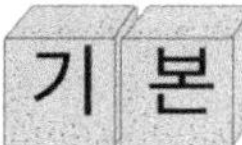

Basique

basiqu**ement**

Theorie

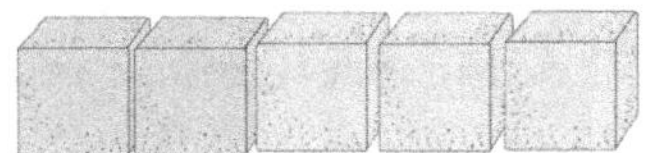

theoretisch

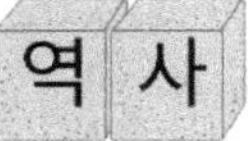

Historie

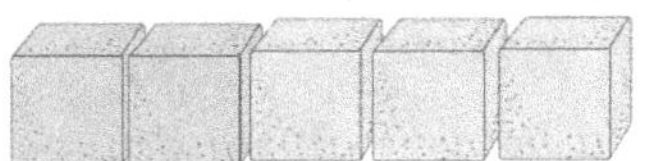

historisch

Antworten :
이론적으로
역사적으로

Koreanische Verben & Konjugieren

Bis jetzt haben wir gelernt, Hangul zu lesen, zu schreiben und auszusprechen, und wir haben ein Verständnis für die koreanische Satzstruktur entwickelt, einschließlich der Themen-/Subjekt-/Objektmarker sowie der Prädikate (Verb und Adjektiv)! Damit haben Sie die Grundsteine der koreanischen Sprache gelegt, nun können wir sie weiter ausbauen!

Eines der wichtigsten Elemente jeder Sprache sind die Verben und ihre Konjugationsregeln (denken Sie daran, dass auch Adjektive wie Verben konjugiert werden können und die gleichen Regeln gelten, so dass es für diese Regeln kein eigenes Kapitel braucht).

Dies sind einige der Merkmale der koreanischen Konjugationsregeln für Verben:

- **Die einfache, nicht konjugierte Form endet auf 다.**

Zum Beispiel: 먹다 (essen) / 달리다 (laufen) / 자다 (schlafen) / 읽다 (lesen) - sie alle enden auf 다.

Koreanische Verben (und Adjektive, wie bereits gelernt) sind leicht zu erkennen!

Aufbauend auf diesem Konzept,

- **Um ein koreanisches Verb zu konjugieren, muss man zunächst den Verbstamm von der 다-Endung trennen.**

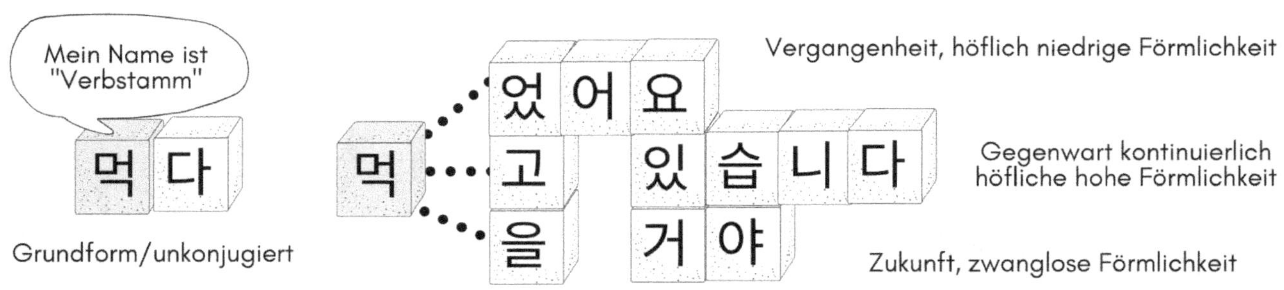

*Machen Sie sich vorerst keine Gedanken über die Vergangenheit/Präsenz und die höfliche/zwanglose Förmlichkeit. Wir werden diese später behandeln.

- **Anders als im Deutschen muss man sich bei der Konjugation von Verben nicht um das Subjekt des Satzes kümmern!**

Wir sagen zum Beispiel "ich schlafe" und "sie schläft", aber im Koreanischen bleibt das Verb in allen Subjekten gleich!

나는 <u>잔다</u> - ich <u>schlafe</u> 그녀는 <u>잔다</u>- sie <u>schläft</u>

Ein weiterer einzigartiger Aspekt der koreanischen Sprache ist die Förmlichkeit, denn je nachdem, mit wem man spricht, gibt es unterschiedliche Konjugationsregeln.

Zwanglose Förmlichkeit

- Von einer älteren Person zu einer jüngeren (z. B. Eltern zu Kindern).

- Zwischen Freunden, Geschwistern, Gleichaltrigen (nach dem Aufbau von Intimität).

Höflich Niedrige Förmlichkeit

- Menschen, die man nicht kennt.

- Von jemandem zu Jüngeren mit Respekt (Kindergarten-/Hochschullehrer zu Schülern).

Höflich Hohe Formalität

- Offizielle Dokumente

- Zwischen Erwachsenen (z. B. Professor und College-Student)

- Öffentliche Bekanntmachung

Schauen wir uns die 8 häufigsten Zeitformen im Koreanischen und ihre Beispiele an!

- Gegenwart / Präsens Kontinuum / Vergangenheit / Zukunft / neugierige Gegenwart / neugierige Vergangenheit / neugierige Zukunft / Propositiv

Es gibt jedoch noch mehr Ausdrucksweisen (subtile Unterschiede in der Bedeutung) als diese, aber das Studium der oben aufgelisteten gebräuchlichsten wird Ihnen ein solides Verständnis der Regeln vermitteln!

- Die Endung 다 am Verbstamm weglassen
- 아요 hinzufügen, wenn das Verb auf einen Vokal ㅏ oder ㅗ endet. 놀다 (spielen) → 놀아요
- 어요 hinzufügen, wenn der letzte Vokal des Verbs ein anderer ist. 얼다 (einfrieren) → 얼어요
- Wenn der Verbstamm auf einen Vokal endet, wird das 아 oder 어, dass Sie dem Verbstamm hinzufügen, mit der vorherigen Silbe verbunden. 보다 (sehen) -> 보아요 -> 봐요 (*보 ist der Verbstamm)
- Die obigen Regeln bestimmen, ob 아 oder 어 in der zwanglosen Form oder 아요 oder 어요 in der Höflichkeitsform verwendet wird.

Zwanglose Förmlichkeit
Verb (mit der Endung ㅏ/ㅗ) + 아
Verb (mit einer anderen Endung) + 어

Höflich Niedrige Förmlichkeit
Verb (mit der Endung ㅏ/ㅗ) + 아요
Verb (mit einer anderen Endung) + 어요

Höflich Hohe Formalität
Verb (auf einen Vokal endend) + ㅂ니다
Verb (auf einen Konsonanten endend) + 습니다

가다 — gehen
Zwanglose Förmlichkeit: 가
Höflich Niedrige Förmlichkeit: 가요
Höflich Hohe Formalität: 갑니다 (가+ㅂ니다)

읽다 — lesen
Zwanglose Förmlichkeit: 읽어
Höflich Niedrige Förmlichkeit: 읽어요
Höflich Hohe Formalität: 읽습니다

보다 — sehen
Zwanglose Förmlichkeit: 봐 (보+아)
Höflich Niedrige Förmlichkeit: 봐요 (보+아)
Höflich Hohe Formalität: 봅니다 (보+ㅂ니다)

말리다 — trocknen
Zwanglose Förmlichkeit: 말려 (말리+어)
Höflich Niedrige Förmlichkeit: 말려요 (말리+어요)
Höflich Hohe Formalität: 달립니다 (말리+ㅂ니다)

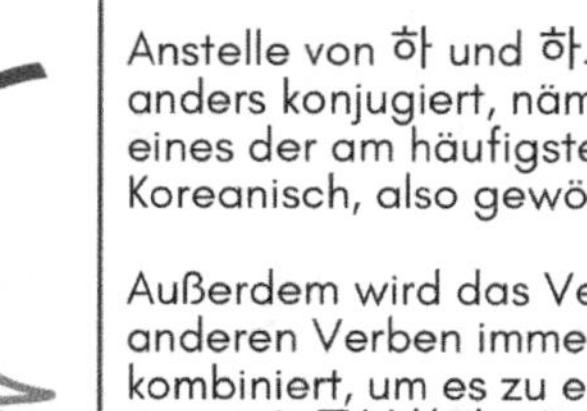

Anstelle von 하 und 하요 wird das Verb 하다 etwas anders konjugiert, nämlich zu 해 und 해요. Es ist eines der am häufigsten verwendeten Verben in Koreanisch, also gewöhnen Sie sich ruhig daran!

Außerdem wird das Verb 하다 im Gegensatz zu anderen Verben immer mit einem Substantiv kombiniert, um es zu einem Verb zu machen. Zum Beispiel: 공부하다 = "lernen", 노래하다 "singen".

하다 — machen
Zwanglose Förmlichkeit: 해
Höflich Niedrige Förmlichkeit: 해요
Höflich Hohe Formalität: 합니다 (하+ㅂ니다)

PRAXIS-QUIZ

Bestimmen Sie, welcher der drei Formalitätsstufen die folgenden Verben in der Gegenwartsform angehören.

Zwanglose Förmlichkeit / Höflich Niedrige Förmlichkeit / Höflich Hohe Formalität

돌다 kreisen

돌아요
돕니다
돌아

오다 kommen

와
와요
옵니다

노래하다 singen

노래합니다
노래해
노래해요

굵다 kratzen

굵어요
굵습니다
굵어

Antworten:
돌다 -> 돌아요 Höflich Niedrige Förmlichkeit 돕니다 Höflich Hohe Formalität 돌아 Zwanglose Förmlichkeit
오다 -> 와 Zwanglose Förmlichkeit 와요 Höflich Niedrige Förmlichkeit 옵니다 Höflich Hohe Formalität
노래하다 -> 노래합니다 Höflich Hohe Formalität 노래해 Zwanglose Förmlichkeit 노래해요 Höflich Niedrige Förmlichkeit
굵다 -> 굵어요 Höflich Niedrige Förmlichkeit 굵습니다 Höflich Hohe Formalität 굵어 Zwanglose Förmlichkeit

Wandeln Sie die folgenden Verben der Grundform in die drei Formalitätsformen (Gegenwart) um.

사다 — kaufen

Zwanglose Förmlichkeit:

____

Höflich Niedrige Förmlichkeit:

____

Höflich Hohe Formalität:

____

입다 — tragen

Zwanglose Förmlichkeit:

____

Höflich Niedrige Förmlichkeit:

____

Höflich Hohe Formalität:

____

먹다 — essen

Zwanglose Förmlichkeit:

____

Höflich Niedrige Förmlichkeit:

____

Höflich Hohe Formalität:

____

Antworten : 사다 -> 사 / 사요 / 삽니다
입다 -> 입어 / 입어요 / 입습니다
먹다 -> 먹어 / 먹어요 / 먹습니다

Präsens Kontinuum

- Lassen Sie die Endung 다 aus dem Verbstamm weg und fügen Sie Folgendes hinzu, was im Deutschen " -en " bedeutet.

Zwanglose Förmlichkeit Verb + 고 있어	**Höflich Niedrige Förmlichkeit** Verb + 고 있어요

Höflich Hohe Formalität
Verb + 고 있습니다

가다 — gehen
Zwanglose Förmlichkeit: 가고 있어
Höflich Niedrige Förmlichkeit: 가고 있어요
Höflich Hohe Formalität: 가고 있습니다

읽다 — lesen
Zwanglose Förmlichkeit: 읽고 있어
Höflich Niedrige Förmlichkeit: 읽고 있어요
Höflich Hohe Formalität: 읽고 있습니다

보다 — sehen
Zwanglose Förmlichkeit: 보고 있어
Höflich Niedrige Förmlichkeit: 보고 있어요
Höflich Hohe Formalität: 보고 있습니다

말리다 — trocknen
Zwanglose Förmlichkeit: 말리고 있어
Höflich Niedrige Förmlichkeit: 말리고 있어요
Höflich Hohe Formalitätu: 말리고 있습니다

하다 — machen
Zwanglose Förmlichkeit: 하고 있어
Höflich Niedrige Förmlichkeit: 하고 있어요
Höflich Hohe Formalität: 하고 있습니다

PRAXIS-QUIZ

Bestimmen Sie, welcher der drei Formalitätsstufen die folgenden Verben in der Gegenwartsform angehören.

Zwanglose Förmlichkeit / Höflich Niedrige Förmlichkeit / Höflich Hohe Formalität

돌다 kreisen

돌고 있어요
돌고 있습니다
돌고 있어

오다 kommen

오고 있어
오고 있습니다
오고 있어요

노래하다 singen

노래하고 있습니다
노래하고 있어요
노래하고 있어

긁다 kratzen

긁고 있습니다
긁고 있어
긁고 있어요

Antworten:
돌다 -> 돌고 있어요 Höflich Niedrige Förmlichkeit 돌고 있습니다 Höflich Hohe Formalität 돌고 있어 Zwanglose Förmlichkeit
오다 -> 오고 있어 Zwanglose Förmlichkeit 오고 있습니다 Höflich Hohe Formalität 오고 있어요 Höflich Niedrige Förmlichkeit
노래하다 -> 노래하고 있습니다 Höflich Hohe Formalität 노래하고 있어요 Höflich Niedrige Förmlichkeit 노래하고 있어 Zwanglose Förmlichkeit
긁다 -> 긁고 있습니다 Höflich Hohe Formalität 긁고 있어 Zwanglose Förmlichkeit 긁고 있어요 Höflich Niedrige Förmlichkeit

Wandeln Sie die folgenden Verben der Grundform in die drei Formalitätsformen (Präsens Kontinuum) um.

사다 – kaufen

Zwanglose Förmlichkeit:

____

Höflich Niedrige Förmlichkeit:

____

Höflich Hohe Formalität:

____

입다 – tragen

Zwanglose Förmlichkeit:

____

Höflich Niedrige Förmlichkeit:

____

Höflich Hohe Formalität:

____

먹다 – essen

Zwanglose Förmlichkeit:

____

Höflich Niedrige Förmlichkeit:

____

Höflich Hohe Formalität:

____

Antworten: 사다 -> 사고 있어 / 사고 있어요 / 사고 있습니다
입다 -> 입고 있어 / 입고 있어요 / 입고 있습니다
먹다 -> 먹고 있어 / 먹고 있어요 / 먹고 있습니다

Vergangenheit

- Streichen Sie die Endung 다 aus dem Verbstamm
- Fügen Sie 았다 zum Verbstamm hinzu, wenn das Verb entweder auf ㅗ oder ㅏ endet. 보다 (sehen) -> 보았다.
- Füge 었다 hinzu, wenn das Verb nicht auf einen Vokal endet, der weder ㅗ noch ㅏ ist. 먹다 (essen) -> 먹었다.
- Einige Verben, die auf einen Vokal enden, werden verschmolzen. 사다 (kaufen) -> 샀다 (o) 사았다 (x)

Zwanglose Förmlichkeit
Verb (mit der Endung ㅏ/ㅗ) + 았어
Verb (mit einer anderen Endung) + 었어

Höflich Niedrige Förmlichkeit
Verb (mit der Endung ㅏ/ㅗ) + 았어요
Verb (mit einer anderen Endung) + 었어요

Höflich Hohe Formalität
Verb (auf einen Vokal endend) + 았습니다
Verb (auf einen Vokal endend) + 었습니다

가다 — gehen
Zwanglose Förmlichkeit: 갔어
Höflich Niedrige Förmlichkeit: 갔어요
Höflich Hohe Formalität: 갔습니다

읽다 — lesen
Zwanglose Förmlichkeit: 읽었어
Höflich Niedrige Förmlichkeit: 읽었어요
Höflich Hohe Formalität: 읽었습니다

보다 — sehen
Zwanglose Förmlichkeit: 봤어 (보+았어)
Höflich Niedrige Förmlichkeit: 봤어요 (보+았어요)
Höflich Hohe Formalität: 봤습니다 (보+았습니다)

말리다 — trocknen
Zwanglose Förmlichkeit: 말렸어 (말리+었어)
Höflich Niedrige Förmlichkeit: 말렸어요 (말리+었어요)
Höflich Hohe Formalität: 말렸습니다 (말리+었습니다)

하다 — machen
Zwanglose Förmlichkeit: 했어
Höflich Niedrige Förmlichkeit: 했어요
Höflich Hohe Formalität: 했습니다

PRAXIS-QUIZ

Bestimmen Sie, welcher der drei Formalitätsstufen die folgenden Verben in der Gegenwartsform angehören.

Zwanglose Förmlichkeit / Höflich Niedrige Förmlichkeit / Höflich Hohe Formalität

돌다 kreisen

돌았어
돌았어요
돌았습니다

오다 kommen

왔어요
왔습니다
왔어

노래하다 singen

노래했어
노래했어요
노래했습니다

굵다 kratzen

굵었어
굵었습니다
굵었어요

Antworten:
돌다 -> 돌았어 Zwanglose Förmlichkeit 돌았어요 Höflich Niedrige Förmlichkeit 돌았습니다 Höflich Hohe Formalität
오다 -> 왔어요 Höflich Niedrige Förmlichkeit 왔습니다 Höflich Hohe Formalität 왔어 Zwanglose Förmlichkeit
노래하다 -> 노래했어 Zwanglose Förmlichkeit 노래했어요 Höflich Niedrige Förmlichkeit 노래했습니다 Höflich Hohe Formalität
굵다 -> 굵었어 Zwanglose Förmlichkeit 굵었습니다 Höflich Hohe Formalität 굵었어요 Höflich Niedrige Förmlichkeit

Wandeln Sie die folgenden Verben der Grundform in die drei Formalitätsformen (Vergangenheit) um.

사다 — kaufen

Zwanglose Förmlichkeit:

____

Höflich Niedrige Förmlichkeit:

____

Höflich Hohe Formalität:

____

입다 — tragen

Zwanglose Förmlichkeit:

____

Höflich Niedrige Förmlichkeit:

____

Höflich Hohe Formalität:

____

먹다 — essen

Zwanglose Förmlichkeit:

____

Höflich Niedrige Förmlichkeit:

____

Höflich Hohe Formalität:

____

Antworten: 사다 -> 샀어 / 샀어요 / 샀습니다
입다 -> 입었어 / 입었어요 / 입었습니다
먹다 -> 먹었어 / 먹었어요 / 먹었습니다

Zukunft

- Streichen Sie die Endung 다 aus dem Verbstamm.
- Wenn das Verb auf einen Vokal oder 을 endet, fügen Sie ㄹ an den Verbstamm an.
- Bei Verben, die auf ㄹ enden, müssen Sie jedoch nichts hinzufügen.

Zwanglose Förmlichkeit
Verb (mit der Endung ㅏ/ㅗ) + ㄹ 거야
Verb (mit einer anderen Endung) + 을 거야

Höflich Niedrige Förmlichkeit
Verb (mit der Endung ㅏ/ㅗ) + ㄹ 거예요
Verb (mit einer anderen Endung) + 을 거예요

Höflich Hohe Formalität
Verb (auf einen Vokal endend) + ㄹ 겁니다
Verb (auf einen Konsonanten endend) + 을 겁니다

가다 – gehen
Zwanglose Förmlichkeit: 갈 거야
Höflich Niedrige Förmlichkeit: 갈 거예요
Höflich Hohe Formalität: 갈 겁니다

읽다 – lesen
Zwanglose Förmlichkeit: 읽을 거야
Höflich Niedrige Förmlichkeit: 읽을 거예요
Höflich Hohe Formalität: 읽을 겁니다

보다 – sehen
Zwanglose Förmlichkeit: 볼 거야
Höflich Niedrige Förmlichkeit: 볼 거예요
Höflich Hohe Formalität: 볼 겁니다

말리다 – trocknen
Zwanglose Förmlichkeit: 말릴 거야
Höflich Niedrige Förmlichkeit: 말릴 거예요
Höflich Hohe Formalität: 말릴 겁니다

하다 – machen
Zwanglose Förmlichkeitr: 할 거야
Höflich Niedrige Förmlichkeit: 할 거예요
Höflich Hohe Formalität: 할 겁니다

In diesem Fall folgt 하다 der Regel!

PRAXIS-QUIZ

Bestimmen Sie, welcher der drei Formalitätsstufen die folgenden Verben in der Gegenwartsform angehören.

Zwanglose Förmlichkeit / Höflich Niedrige Förmlichkeit / Höflich Hohe Formalität

돌다 kreisen

돌 겁니다
돌 거예요
돌 거야

오다 kommen

올 거야
올 겁니다
올 거예요

노래하다 singen

노래할 거예요
노래할 겁니다
노래할 거야

긁다 kratzen

긁을 거야
긁을 겁니다
긁을 거예요

Antworten:
돌다 -> 돌 겁니다 Höflich Hohe Formalität 돌 거예요 Höflich Niedrige Förmlichkeit 돌 거야 Zwanglose Förmlichkeit
오다 -> 올 거야 Zwanglose Förmlichkeit 올 겁니다 Höflich Hohe Formalität 올 거예요 Höflich Niedrige Förmlichkeit
노래하다 -> 노래할 거예요 Höflich Niedrige Förmlichkeit 노래할 겁니다 Höflich Hohe Formalität 노래할 거야 Zwanglose Förmlichkeit
긁다 -> 긁을 거야 Zwanglose Förmlichkeit 긁을 겁니다 Höflich Hohe Formalität 긁을 거예요 Höflich Niedrige Förmlichkeit

Wandeln Sie die folgenden Verben der Grundform in die drei Formalitätsformen (Zukunft) um.

사다 — kaufen

Zwanglose Förmlichkeit:

____

Höflich Niedrige Förmlichkeit:

____

Höflich Hohe Formalität:

____

입다 — tragen

Zwanglose Förmlichkeit:

____

Höflich Niedrige Förmlichkeit:

____

Höflich Hohe Formalität:

____

먹다 — essen

Zwanglose Förmlichkeit:

____

Höflich Niedrige Förmlichkeit:

____

Höflich Hohe Formalität:

____

Antworten: 사다 -> 살 거야 / 살 거예요 / 살 겁니다
입다 -> 입을 거야 / 입을 거예요 / 입을 겁니다
먹다 -> 먹을 거야 / 먹을 거예요 / 먹을 겁니다

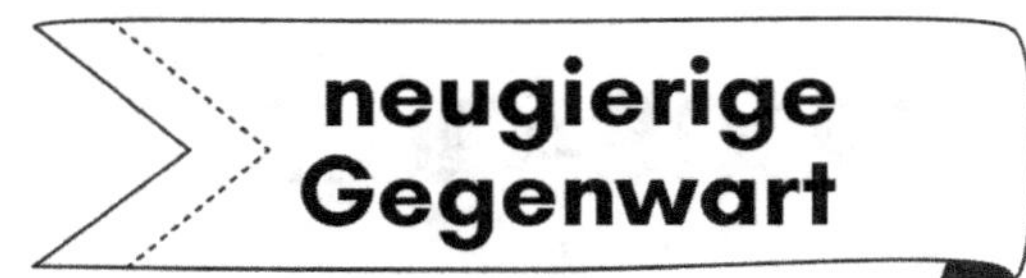

- Streichen Sie die Endung 다 aus dem Verbstamm
- Der letzte Vokal bestimmt, ob 아 oder 어 in der zwanglosen Form oder 아요 oder 어요 in der höflichen Form verwendet wird.
- Verwenden Sie 아요, wenn der letzte Vokal im Verb ㅏ oder ㅗ ist. 놀다 (spielen) → 놀아요
- Verwenden Sie 어요, wenn der letzte Vokal im Verb etwas anderes ist. 얼다 (einfrieren) → 얼어요
- Wenn der Verbstamm auf einen Vokal endet, wird das 아 / 어, dass Sie dem Verbstamm hinzufügen, mit der vorherigen Silbe verbunden.

Zwanglose Förmlichkeit
Verb (mit der Endung ㅏ/ㅗ) + 아?
Verb (mit einer anderen Endung) + 어?

Höflich Niedrige Förmlichkeit
Verb (mit der Endung ㅏ/ㅗ) + 아요?
Verb (mit einer anderen Endung) + 어요?

Höflich Hohe Formalität
Verb (auf einen Vokal endend) + ㅂ니까?
Verb (auf einen Konsonanten endend) + 습니까?

가다 – gehen
Zwanglose Förmlichkeit: 가?
Höflich Niedrige Förmlichkeit: 가요?
Höflich Hohe Formalität: 갑니까? (가+ㅂ니까?)

읽다 – lesen
Zwanglose Förmlichkeit: 읽어?
Höflich Niedrige Förmlichkeit: 읽어요?
Höflich Hohe Formalität: 읽습니까? (읽+습니까?)

보다 – sehen
Zwanglose Förmlichkeit: 봐 (보+아)?
Höflich Niedrige Förmlichkeit: 봐요 (보+아)?
Höflich Hohe Formalität: 봅니까 (보+ㅂ니까)?

말리다 – trocknen
Zwanglose Förmlichkeit: 말려? (말리+어?)
Höflich Niedrige Förmlichkeit: 말려요? (말리+어요?)
Höflich Hohe Formalität: 말립니까? (말리+ㅂ니까?))

하다 – machen
Zwanglose Förmlichkeit: 해?
Höflich Niedrige Förmlichkeit: 해요?
Höflich Hohe Formalität: 합니까? (하+ㅂ니까?)

PRAXIS-QUIZ

Bestimmen Sie, welcher der drei Formalitätsstufen die folgenden Verben in der Gegenwartsform angehören.

Zwanglose Förmlichkeit / Höflich Niedrige Förmlichkeit / Höflich Hohe Formalität

돌다 kreisen

돕니까?
돌아?
돌아요?

오다 kommen

와?
옵니까?
와요?

노래하다 singen

노래해?
노래합니까?
노래해요?

긁다 kratzen

긁어?
긁어요?
긁습니까?

Antworten:
돌다 -> 돕니까? Höflich Hohe Formalität 돌아? Zwanglose Förmlichkeit 돌아요? Höflich Niedrige Förmlichkeit
오다 -> 와? Zwanglose Förmlichkeit 옵니까? Höflich Hohe Formalität 와요? Höflich Niedrige Förmlichkeit
노래하다 -> 노래해? Zwanglose Förmlichkeit 노래합니까? Höflich Hohe Formalität 노래해요? Höflich Niedrige Förmlichkeit
긁다 -> 긁어? Zwanglose Förmlichkeit 긁어요? Höflich Niedrige Förmlichkeit 긁습니까? Höflich Hohe Formalität

Wandeln Sie die folgenden Verben der Grundform in die drei Formalitätsformen (neugierige Gegenwart) um.

사다 — kaufen

Zwanglose Förmlichkeit:

____

Höflich Niedrige Förmlichkeit:

____

Höflich Hohe Formalität:

____

입다 — tragen

Zwanglose Förmlichkeit:

____

Höflich Niedrige Förmlichkeit:

____

Höflich Hohe Formalität:

____

먹다 — essen

Zwanglose Förmlichkeit:

____

Höflich Niedrige Förmlichkeit:

____

Höflich Hohe Formalität:

____

Antworten: 사다 -> 사? / 사요? / 삽니까?
입다 -> 입어? / 입어요? / 입습니까?
먹다 -> 먹어? / 먹어요? / 먹습니까?

- Streichen Sie die Endung 다 aus dem Verbstamm.
- Genau wie die Verben im Präsens werden einige Verben, die auf einen Vokal enden, zusammengelegt.

Zum Beispiel: 사다 (kaufen) + 았어? wird zu 샀어요? anstelle von 사았어요?

Zwanglose Förmlichkeit
Verb (mit der Endung ㅏ/ㅗ) + 았어?
Verb (mit einer anderen Endung) + 었어?

Höflich Niedrige Förmlichkeit
Verb (mit der Endung ㅏ/ㅗ) + 았어요?
Verb (mit einer anderen Endung) + 었어요?

Höflich Hohe Formalität
Verb (auf einen Vokal endend) + 았습니까?
Verb (auf einen Konsonanten endend) + 었습니까?

가다 — gehen
Zwanglose Förmlichkeit: 갔어? (가+았어?)
Höflich Niedrige Förmlichkeit: 갔어요? (가+았어여?)
Höflich Hohe Formalität: 갔었습니까? (갔+었습니까?)

읽다 — lesen
Zwanglose Förmlichkeit: 읽었어?
Höflich Niedrige Förmlichkeit: 읽었어요?
Höflich Hohe Formalität: 읽었습니까?

보다 — sehen
Zwanglose Förmlichkeit: 봤어? (보+았어)
Höflich Niedrige Förmlichkeit: 봤어요? (보+았어요?)
Höflich Hohe Formalität: 봤습니까? (보+았습니까?)

말리다 — trocknen
Zwanglose Förmlichkeit: 말렸어? (말리+었어?)
Höflich Niedrige Förmlichkeit: 말렸어요? (말리+었어요?)
Höflich Hohe Formalität: 말렸습니까? (말리+었습니까?)

하다 — machen
Zwanglose Förmlichkeit: 했어?
Höflich Niedrige Förmlichkeit: 했어요?
Höflich Hohe Formalität: 했습니까?

PRAXIS-QUIZ

Bestimmen Sie, welcher der drei Formalitätsstufen die folgenden Verben in der Gegenwartsform angehören.

Zwanglose Förmlichkeit / Höflich Niedrige Förmlichkeit / Höflich Hohe Formalität

돌다 kreisen

돌았어?
돌았습니까?
돌았어요?

오다 kommen

왔어요?
왔어?
왔습니까?

노래하다 singen

노래했어?
노래했어요?
노래했습니까?

긁다 kratzen

긁었어요?
긁었어?
긁었습니까?

Antworten:
돌다 -> 돌았어? Zwanglose Förmlichkeit 돌았습니까? Höflich Hohe Formalität 돌았어요? Höflich Niedrige Förmlichkeit
오다 -> 왔어요? Höflich Niedrige Förmlichkeit 왔어? Zwanglose Förmlichkeit 왔습니까? Höflich Hohe Formalität
노래하다 -> 노래했어? Zwanglose Förmlichkeit 노래했어요? Höflich Niedrige Förmlichkeit 노래했습니까? Höflich Hohe Formalität
긁다 -> 긁었어요? Höflich Niedrige Förmlichkeit 긁었어? Zwanglose Förmlichkeit 긁었습니까? Höflich Hohe Formalität

Wandeln Sie die folgenden Verben der Grundform in die drei Formalitätsformen (neugierige Vergangenheit) um.

사다 – kaufen

Zwanglose Förmlichkeit:

____

Höflich Niedrige Förmlichkeit:

____

Höflich Hohe Formalität:

____

입다 – tragen

Zwanglose Förmlichkeit:

____

Höflich Niedrige Förmlichkeit:

____

Höflich Hohe Formalität:

____

먹다 – essen

Zwanglose Förmlichkeit:

____

Höflich Niedrige Förmlichkeit:

____

Höflich Hohe Formalität:

____

Antworten: 사다 -> 샀어? / 샀어요? / 샀습니까?
입다 -> 입었어? / 입었어요? / 입었습니까?
먹다 -> 먹었어? / 먹었어요? / 먹었습니까?

- Streichen Sie die Endung 다 aus dem Verbstamm.
- Wenn das Verb auf einen Vokal oder 을 endet, fügen Sie ㄹ an den Verbstamm an.
- Bei Verben, die auf ㄹ enden, müssen Sie jedoch nichts hinzufügen.

Zwanglose Förmlichkeit
Verb (mit der Endung ㅏ/ㅗ) + ㄹ
Verb (mit einer anderen Endung) + 을 거야?

Höflich Niedrige Förmlichkeit
Verb (mit der Endung ㅏ/ㅗ) + ㄹ
Verb (mit einer anderen Endung) + 을 거예요?

Höflich Hohe Formalität
Verb (auf einen Vokal endend) + ㄹ 겁니까
Verb (auf einen Konsonanten endend) + 을 겁니까?

가다 – gehen
Zwanglose Förmlichkeit: 갈 거야?
Höflich Niedrige Förmlichkeit: 갈 거예요?
Höflich Hohe Formalität: 갈 겁니까?

읽다 – lesen
Zwanglose Förmlichkeit: 읽을 거야?
Höflich Niedrige Förmlichkeit: 읽을 거예요?
Höflich Hohe Formalität: 읽을 겁니까?

보다 – sehen
Zwanglose Förmlichkeit: 볼 거야?
Höflich Niedrige Förmlichkeit: 볼 거예요?
Höflich Hohe Formalität: 볼 겁니까?

말리다 – trocknen
Zwanglose Förmlichkeit: 말릴 거야?
Höflich Niedrige Förmlichkeit: 말릴 거예요?
Höflich Hohe Formalität: 말릴 겁니까?

하다 – machen
Zwanglose Förmlichkeit: 할 거야?
Höflich Niedrige Förmlichkeit: 할 거예요?
Höflich Hohe Formalität: 할 겁니까?

In diesem Fall folgt 하다 der Regel!

PRAXIS-QUIZ

Bestimmen Sie, welcher der drei Formalitätsstufen die folgenden Verben in der Gegenwartsform angehören.

Zwanglose Förmlichkeit / Höflich Niedrige Förmlichkeit / Höflich Hohe Formalität

돌다 kreisen

돌 겁니까?
돌 거야?
돌 거예요?

오다 kommen

올 거야?
올 겁니까?
올 거예요?

노래하다 singen

노래 할 거야?
노래 할 겁니까?
노래 할 거예요?

긁다 kratzen

긁을 겁니까?
긁을 거예요?
긁을 거야?

Antworten: 돌다 -> 돌 겁니까? Höflich Hohe Formalität 돌 거야? Zwanglose Förmlichkeit 돌 거예요? Höflich Niedrige Förmlichkeit
오다 -> 올 거야? Zwanglose Förmlichkeit 올 겁니까? Höflich Hohe Formalität 올 거예요? Höflich Niedrige Förmlichkeit
노래하다 -> 노래 할 거야? Zwanglose Förmlichkeit 노래 할 겁니까? Höflich Hohe Formalität 노래 할 거예요? Höflich Niedrige Förmlichkeit
긁다 -> 긁을 겁니까? Höflich Hohe Formalität 긁을 거예요? Höflich Niedrige Förmlichkeit 긁을 거야? Zwanglose Förmlichkeit

Wandeln Sie die folgenden Verben der Grundform in die drei Formalitätsformen (neugierige Zukunft) um.

사다 – kaufen

Zwanglose Förmlichkeit:

____

Höflich Niedrige Förmlichkeit:

____

Höflich Hohe Formalität:

____

입다 – tragen

Zwanglose Förmlichkeit:

____

Höflich Niedrige Förmlichkeit:

____

Höflich Hohe Formalität:

____

먹다 – essen

Zwanglose Förmlichkeit:

____

Höflich Niedrige Förmlichkeit:

____

Höflich Hohe Formalität:

____

Antworten: 사다 -> 살 거야? / 살 거예요? / 살 겁니까?
입다 -> 입을 거야? / 입을 거예요? / 입을 겁니까?
먹다 -> 먹을 거야? / 먹을 거예요? / 먹을 겁니까?

- Streichung der Endung 다 aus dem Verbstamm.

Zwanglose Förmlichkeit
Verb (mit der Endung ㅏ/ㅗ) + 아
Verb (mit einer anderen Endung) + 어

Höflich Niedrige Förmlichkeit
Verb (mit der Endung ㅏ/ㅗ) + 세요
Verb (mit einer anderen Endung) + 으세요

Höflich Hohe Formalität
Verb (auf einen Vokal endend) + 십시오
Verb (auf einen Konsonanten endend) + 으십시오

가다 — gehen
Zwanglose Förmlichkeit: 가
Höflich Niedrige Förmlichkeit: 가세요
Höflich Hohe Formalität: 가십시오

읽다 — lesen
Zwanglose Förmlichkeit: 읽어
Höflich Niedrige Förmlichkeit: 읽으세요
Höflich Hohe Formalität: 읽으십시오

보다 — sehen
Zwanglose Förmlichkeit: 봐 (보+아)
Höflich Niedrige Förmlichkeit: 보세요
Höflich Hohe Formalität: 보십시오

말리다 — trocknen
Zwanglose Förmlichkeit: 말려 (말리+어)
Höflich Niedrige Förmlichkeit: 말리세요
Höflich Hohe Formalität: 말리십시오

하다 — machen
Zwanglose Förmlichkeit: 해
Höflich Niedrige Förmlichkeit: 하세요
Höflich Hohe Formalität: 하십시오

PRAXIS-QUIZ

Bestimmen Sie, welcher der drei Formalitätsstufen die folgenden Verben in der Gegenwartsform angehören.

Zwanglose Förmlichkeit / Höflich Niedrige Förmlichkeit / Höflich Hohe Formalität

돌다 kreisen

돌아
도세요
도십시오

오다 kommen

오세요
오십시오
와

노래하다 singen

노래하세요
노래해
노래하십시오

긁다 kratzen

긁어
긁으십시오
긁으세요

Antworten:
돌다 -> 돌아 Zwanglose Förmlichkeit 도세요 Höflich Niedrige Förmlichkeit 도십시오 Höflich Hohe Formalität
오다 -> 오세요 Höflich Niedrige Förmlichkeit 오십시오 Höflich Hohe Formalität 와 Zwanglose Förmlichkeit
노래하다 -> 노래하세요 Höflich Niedrige Förmlichkeit 노래해 Zwanglose Förmlichkeit 노래하십시오 Höflich Hohe Formalität
긁다 -> 긁어 Zwanglose Förmlichkeit 긁으십시오 Höflich Hohe Formalität 긁으세요 Höflich Niedrige Förmlichkeit

Wandeln Sie die folgenden Verben der Grundform in die drei Formalitätsformen (Propositiv) um.

사다 – kaufen

Zwanglose Förmlichkeit:

____

Höflich Niedrige Förmlichkeit:

____

Höflich Hohe Formalität:

____

입다 – tragen

Zwanglose Förmlichkeit:

____

Höflich Niedrige Förmlichkeit:

____

Höflich Hohe Formalität:

____

먹다 – essen

Zwanglose Förmlichkeit:

____

Höflich Niedrige Förmlichkeit:

____

Höflich Hohe Formalität:

____

Antworten 사다 -> 사 / 사세요 / 사십시오
입다 -> 입어 / 입으세요 / 입으십시오
먹다 -> 먹어 / 먹으세요 / 먹으십시오

PASSIVE VERBEN

MP3 ⟨36⟩

피자를 만들었다!
Wir **haben** Pizza **gemacht**!

VOIX ACTIVE

피자가 만들어졌다!
Die Pizza **wurde gemacht**!

VOIX PASSIVE

- Das Objekt wird zum Subjekt.
  강아지가 공을 잡았어요. –> **공**이 <u>강아지</u>에게 잡혔어요.
  Ein Hund hat den Ball gefangen. –> Der Ball wurde von einem Hund gefangen.

- Das Verb wechselt von der aktiven zur passiven Form.
  잡았어요 (habe gefangen) –> **잡혔어요** (wurde gefangen)

- Das aktive Subjekt wird zu einem passiven Agens, durch das die Handlung geschieht.
  (**강아지가** –> 강아지**에게**) Hier kannst du dir **에게** als "durch/von" vorstellen.

Für **lebendige Akteure** verwenden Sie **한테/에게** für beiläufige/schlichte Situationen, aber immer **께** für höfliche, gehobene Situationen (z. B. wenn Sie sich auf ältere Menschen, Eltern, Ranghöhere usw. beziehen).

Beispiel)

여우가 토끼를 <u>먹었다</u>. Ein Fuchs hat ein Kaninchen <u>gefressen</u>
-> 토끼가 여우**한테** <u>먹혔다</u>. Ein Kaninchen <u>wurde</u> **von** einem Fuchs <u>gefressen</u>..

할아버지가 도둑을 <u>쫓았다</u>. Ein Großvater hat einen Dieb <u>gejagt</u>.
-> 도둑이 할아버지**께** <u>쫓겼다</u>. Ein Dieb <u>wurde</u> **von** einem Großvater <u>gejagt</u>.

Für **leblose Dinge** wird **에** verwendet.

Beispiel)

태양이 얼음을 <u>녹였어요</u>. Die Sonne hat das Eis <u>geschmolzen</u>.
-> 얼음이 태양**에** <u>녹았어요</u>. Das Eis <u>wurde</u> **von** der Sonne <u>geschmolzen</u>.

Sowohl für lebendige **als auch für leblose Dinge** können Sie auch ~**에 의해 (aufgrund von/bei/durch/dank etc.)** verwenden. Denken Sie aber daran, dass dies je nach Kontext manchmal unangenehm klingen kann. Sie werden diesen Unterschied im weiteren Verlauf lernen.

Beispiel)

인부가 집을 <u>지었다</u>. Ein Arbeiter hat ein Haus <u>gebaut</u>.
-> 집이 인부에 **의해** <u>지어졌다</u>. Ein Haus <u>wurde</u> **dank** eines Arbeiters <u>gebaut</u>.

생각이 세상을 <u>바꾸었다</u>. Die Idee hat die Welt <u>verändert</u>.
-> 세상이 생각에 **의해** <u>바뀌었다</u>. Die Welt <u>wurde</u> **durch** die Idee <u>verändert</u>.

Hier sind einige allgemeine Regeln und Arten von passiven Verben.

Wie üblich gibt es auch hier Ausnahmen, aber Sie werden sich daran gewöhnen,
wenn wir mehr dazulernen werden.

STAMM + 어지다 / 아지다 / 지다

- Für Adjektive :

Adjektiv Grundform	Beschreibendes Verb	Vergangenheit	Präsens Kontinuum Passiv
높은 hoch	높아지다 wird höher	높아졌다 wurde höher	높아지고있다 höher werdend'
아름다운 schön	아름다워지다 wird schön	아름다워졌다 wurde schön	아름다워지고있다 schön werdend

Dasselbe gilt für Verben,

Verb Grundform	Passiv Grundform	Passiv Vergangenheitsform	Präsenskontinuum Passiv
주다 geben	주어지다 gegeben werden	주어졌다 wurde gegeben	주어지고있다 wird gegeben
켜다 (ein Licht) einschalten	켜지다 eingeschaltet werden	켜졌다 war eingeschaltet	켜지고있다 wird eingeschaltet

STAMM + 이다

- Für Stämme ohne 받침
- Für Stämme mit 받침 ㅎ, ㄲ, ㅍ

Verb Grundform	Passiv Grundform	Passiv Vergangenheitsform	Präsenskontinuum Passiv
모으다 sammeln	모이다 gesammelt werden	모였다 (모이+었다) wurde gesammelt	모이고있다 wird gesammelt
바꾸다 andern	바꿔다 (바꾸+이다) geändert werden	바꿔었다 wurde geändert	바꿔고있다 wird geändert
쌓다 aufstapeln	쌓이다 aufgestapelt werden	쌓였다 wurde aufgestapelt	쌓이고있다 wird verändert
섞다 mischen	섞이다 gemischt werden	섞였다 wurde gemischt	섞이고있다 wird gemischt
덮다 zudecken	덮이다 zugedeckt werden	덮였다 wurde zugedeckt	덮이고있다 wird zugedeckt

STAMM + 히다

- Für Stämme mit 받침 ㄱ, ㄷ, ㅂ, ㅈ

Verb Grundform	Passiv Grundform	Passiv Vergangenheitsform	Präsenskontinuum Passiv
읽다　lesen	읽히다 gelesen werden	읽혔다 (읽히+었다) wurde gelesen	읽히고있다　wird gelesen
닫다　schließen	닫히다 geschlossen zu werden	닫혔다 wurde geschlossen	닫히고있다　wird geschlossen
밟다　betreten	밟히다 betreten werden	밟혔다 wurde betreten	밟히고있다　wird betreten
잊다　vergessen	잊히다 vergessen werden	잊혔다 wurde vergessen	잊히고있다　wird vergessen

STAMM + 리다

- Für Stämme mit 받침 ㄹ, oder unregelmäßige Verben,
deren 받침 bei der Konjugation zu ㄹ wird (듣다 -> 들어)

Verb Grundform	Passiv Grundform	Passiv Vergangenheitsform	Präsenskontinuum Passiv
밀다 schieben	밀리다 geschoben werden	밀렸다 wurde geschoben	밀리고있다 wird geschoben
듣다 zu hören	들리다 gehört zu werden	들렸다 wurde gehört	들리고있다 wird gehört
부르다 zu singen	불리다 besungen zu werden	불렸다 wurde besungen	불리고있다 wird besungen

STAMM + 기다

- Für Stämme mit 받침, die ihren Klang nicht verändern,
wenn sie vor ㅎ stehen (normalerweise ㅁ, ㄴ, ㅅ, ㅊ)

Verb Grundform	Passiv Grundform	Passiv Vergangenheitsform	Präsenskontinuum Passiv
감다 aufziehen	감기다 aufgezogen werden	감겼다 (감기+었다) wurde aufgezogen	감기고있다 wird aufgezogen
안다 umarmen	안기다 umarmt werden	안겼다 wurde umarmt	안기고있다 wird umarmt
빗다 kämmen	빗기다 gekämmt werden	빗겼다 wurde gekämmt	빗기고있다 wird gekämmt
쫓다 jagen	쫓기다 gejagt werden	쫓겼다 wurde gejagt	쫓기고있다 wird gejagt

STAMM + 하다 / 되다

Während 하다 die Handlung beschreibt, bezeichnet 되다 den Gegenstand, an dem die Handlung vorgenommen wird.

새로운 그룹이 선희를 포함했다. Die neue Gruppe schloss Seon-hee ein.

선희가 새로운 그룹에 포함되었다. Seon-hee wurde in die neue Gruppe aufgenommen.

.

STAMM + 내다 / 나다

Während 내다 das Subjekt beschreibt, das die Handlung vollzieht, beschreibt 나다 das Objekt, an dem die Handlung vollzogen wird.

철수가 컴퓨터를 고장냈다. Cheol-su hat den Computer kaputt gemacht.
컴퓨터가 고장났다. Der Computer wurde (durch Cheol-su) kaputtgemacht.

철수가 숙제를 끝냈다. Chul Soo hat seine Hausaufgaben fertig gemacht.
숙제가 끝났다. Die Hausaufgaben wurden (von Cheol-su) fertiggestellt.

.

Nicht alle Wörter, die auf 내다 enden, haben ein entsprechendes 나다-Verb (und umgekehrt), und auch die Wörter, die auf 하다 enden, haben kein entsprechendes 되다-Verb (und umgekehrt).

Zum Beispiel ist 돈내다 (Geld ausgeben) ein Wort, aber 돈나다 ist kein Wort.

Genauso ist 공부하다 (studieren) ein Wort, aber 공부되다 ist kein Wort.

Man muss sie im Einzelnen lernen, aber 내다/나다 und 하다/되다 sind die gängigsten Arten.

WESENTLICHE KOREANISCHE PARTIKEL

Partikel	Beispiel (Koreanisch)	Beispiel (Deutsch)
들 (Mehrzahl Markierer)	고양이들	Katzen
만 (nur)	사람들만	nur Menschen / Menschen nur
관해서 (über/bezüglich)	음식에 관해서	über Essen
위해서 (für)	너를 위해서	für dich
과/와 함께 (mit) "과 für ein Wort, das mit einem Endkonsonanten endet "와 für ein Wort, das mit einem Vokal endet	구름과 함께 너와 함께	Mit der Wolke Mit dir

PRAXIS-QUIZ

Wandeln Sie den folgenden Aktivsatz in einen Passivsatz um.

경찰이 도둑을 잡았다. -> ______이 ______ 에게 ______.
Die Polizei hat den Dieb gefangen. -> Der Dieb wurde von der Polizei gefasst.

코끼리가 거북이를 밟았다. -> ______가 ______ 한테 ______.
Der Elefant ist auf die Schildkröte getreten. -> Die Schildkröte wurde vom Elefanten getreten.

Antworten : 도둑이 경찰에게 잡혔다. / 거북이가 코끼리에게 밟혔다.

Wählen Sie zwischen 한테/에게/께 für die folgenden Sätze.

1.   철수가 나쁜 친구______ 맞았다.
Cheol-su wurde von einem bösartigen Freund geschlagen.

2. 고양이가 개______ 물렸다.
Die Katze wurde von dem Hund gebissen.

3. 나뭇잎이 바람______ 날렸다.
Das Blatt wurde vom Wind verweht.

4. 유리가 망치______ 깨졌다.
Das Glas wurde mit einem Hammer zerbrochen.

⌐ leblose Dinge ¬

5. 신입사원이 사장님______ 혼났다.
Der neue Angestellte wurde vom Präsidenten ausgeschimpft.

6. 학생이 젊은 선생님______ 교육받았다.
Der Schüler wurde von dem jungen Lehrer unterrichtet.

Antworten : 1. 한테/에게 2. 한테/에게 3. 에 4. 에 5. 께 6. 께

Verwenden Sie ~에 의해, um den folgenden Aktivsatz in einen Passivsatz umzuwandeln.

노력이 좋은 결과를 만들었다. -> ______가 ______ 에 의해 ______.
Die Anstrengung hat ein gutes Ergebnis gebracht. -> Durch die Anstrengung wurde ein gutes Ergebnis erzielt.

구름이 태양을 가렸다. -> ______이 ______ ______.
Die Wolke verdeckte die Sonne. -> Die Sonne wurde von der Wolke verdeckt.

Antworten: 좋은 결과가 노력에 의해 만들어졌다. / 태양이 구름에 의해 가려졌다.

Wählen Sie zwischen 하다 / 되다, um die Lücken zu füllen.

기억______ (Sich erinnern vs. 기억______ (erinnert werden)
파괴______ (Zerstört zu werden) vs. 파괴______ (zu zerstören)
수용______ (Zu umarmen) vs. 수용______ (umarmt zu werden)
거절______ (Zurückgewiesen werden) vs. 거절______ (zurückweisen)

Antworten: 하다 / 되다
되다 / 하다
하다 / 되다
되다 / 하다

Wählen Sie zwischen 내다 / 나다, um die Lücken zu füllen.

혼______ (Beschimpft werden) vs. 혼______ (beschimpfen)
드러______ (Entlarvt werden) vs. 드러______ (entlarven)
나타______ (Erscheinen) vs. 나타______ (Erscheinen lassen)

Antworten: 나다/내다
나다/내다
내다/나다

ORT/RAUM ~에서/~부터 & ~까지

Wie lange würde es **von** Seoul **nach** Busan dauern?

Ich sollte früh ins Bett gehen.

Ich habe **von** gestern bis jetzt geschlafen!

Wie du siehst, hat derselbe deutsche Partikel **VON** im Koreanischen zwei Varianten, nämlich 부터 und 에서.

Als Faustregel gilt, dass 부터 oft für **ZEIT** verwendet wird, während 에서 für **ORT** verwendet wird.

Meistens sind sie jedoch **austauschbar**, wie unten dargestellt.

ORT	ZEIT
Von hier **bis** dort	**Von** Sonntag **Bis** Montag
여기**에서** 저기**까지** (O)	일요일**부터** 월요일**까지** (O)
여기**부터** 저기**까지** (O)	일요일**에서** 월요일**까지** (O)

Nun wollen wir lernen, wann sie austauschbar sind und wann nicht.

Zunächst einmal gibt es Ausnahmen, wenn man über **ZEIT** spricht.

Wenn Sie über eine bestimmte Zeit mit Zahlen sprechen, wie 2시 (zwei Uhr), 5월 ("Monat Fünf" = Mai), oder ein bestimmtes Jahr wie 2021년, oder ein bestimmtes Datum in der Woche wie 일요일 (Sonntag), oder ein bestimmtes Datum in einem Monat wie 19일 (19. Tag / Tag 19.), können Sie 부터 und 에서 austauschbar verwenden.

Warum können die Wochentage, obwohl sie keine Zahl haben, sowohl 부터 als auch 에서 verwenden?

Das liegt daran, dass er wie die Monate des Jahres, z. B. der Mai, wie eine Zahl behandelt wird. Deshalb heißt er auf Koreanisch 5월 ("5. Monat"). Das Gleiche gilt für bestimmte Wochentage.

월요일 (Montag) wird wie "Erster Tag der Woche" behandelt, auch wenn es das nicht wörtlich sagt. Es wird vorausgesetzt. Daher gilt diese Regel hier nicht.

Wenn Sie dagegen über die Zeit ohne Zahlen sprechen, wie 작년 (letztes Jahr), 어제 (gestern), dann sollten Sie nur 부터 verwenden.

Auch bei Wörtern wie 전 (vor) / 후 (nach) / 지나서 (in der Vergangenheit) verwenden Sie nur 부터, **auch wenn eine bestimmte Zahl angegeben ist**. Siehe die folgenden Beispiele.

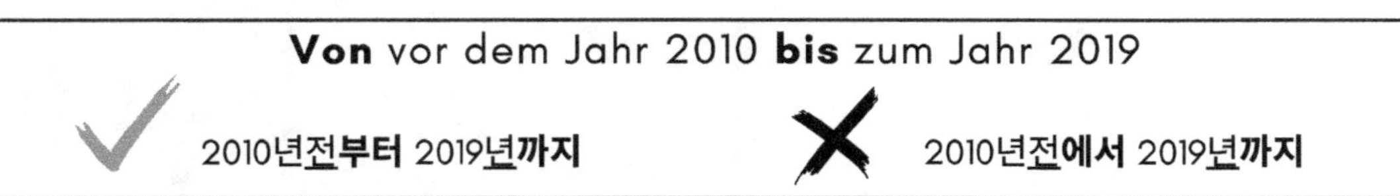

Schauen wir uns einige Beispiele an, damit Sie es besser verstehen.

Substantiv + 에서 = Ort		
	미국에서 한국까지.	**Von** den Vereinigten Staaten **bis** nach Korea.
	학교에서 집까지 .	**Von** der Schule **bis** nach Hause.
a	9시에서 10시까지	**Von** neun Uhr **bis** zehn Uhr.
b	10살에서 11살까지	**Von** 10. **bis** zum 11. Lebensjahr.
c	3번째 페이지에서 9번째 페이지까지	**Von** der 3. Seite **bis** zur 9. Seite.

Substantiv + 부터 = Zeit		
	어제부터 내일까지	**Von** gestern **bis** morgen.
	언제부터 언제까지?	**Von** wann **bis** wann?
a	9시부터 10시까지	**Von** neun Uhr **bis** zehn Uhr.
b	10살부터 11살까지	**Von** 10. **bis** zum 11. Lebensjahr.
c	3번째 페이지부터 9번째 페이지까지	**Von** der 3. Seite **bis** zur 9. Seite.

Sie können deutlich erkennen, wann sie verwendet werden und wann sie austauschbar sind.
Die Beispiele a/b/c sind austauschbar.

Und 까지 wird sowohl für BIS (ORT) als auch für BIS / BIS (ZEIT & ORT) / BIS (NUR ZEIT) verwendet.

Substantiv + 까지 = Bis/zu (Zeit & Ort) / Bis (nur Zeit)	
토요일까지 공부 할겁니다.	Ich werde **bis** Samstag lernen.
뉴욕까지 얼마나 걸립니까?	Wie lange dauert es, **bis** nach New York zu kommen?
내일까지 하겠습니다.	Ich werde es **bis** morgen schaffen.

PRAXIS-QUIZ

Füllen Sie die Lücken entweder mit 에서 / 부터 oder mit BEIDEN

1. 오늘_________ 내일까지 잠 잘거야.
(Ich) werde von heute bis morgen schlafen.

2. 여기_________ 거기까지 몇 시간 걸리나요?
Wie viele Stunden dauert es von hier bis dort?

3. 지금________ 저녁까지 뭐 할 거예요?
Von jetzt bis heute Abend, was wirst du tun?

4. 어렸을 때 _________ 지금까지, 우유를 사랑합니다.
Seitdem ich klein war bis jetzt, liebe ich Milch.

5. 공항________ 호텔까지 몇 시간 걸리나요?
Wie viele Stunden dauert es vom Flughafen bis zum Hotel?

6. 3시_________ 5시까지 운동 할 거예요.
(Ich) werde von drei Uhr bis fünf Uhr arbeiten.

7. 2번째 페이지_________ 34번째 페이지까지.
Von der 2. Seite bis zur 34. Seite.

Antworten: 1. 부터 2. 에서 3. 부터 4. 부터 5. 에서 6. BEIDEN 7. BEIDEN

Lesen Sie die Sätze und prüfen Sie, ob 에서 / 부터 richtig verwendet wird (O) oder nicht (X).

1. 서울<u>부터</u> 부산까지 5시간 걸려요.
Von Seoul bis Busan dauert es fünf Stunden.

2. 지금<u>에서</u> 아침까지 기다릴게요.
Von jetzt bis morgen werde ich warten.

3. 내일<u>부터</u> 모레까지!
Von morgen bis übermorgen!

4. 4시에서 11시까지!
Von vier Uhr bis 11 Uhr!

Antworten: 1. X 2. X 3. O 4. O

ZAHLEN AUF KOREANISCH

Eins, zwei, drei... Wir alle wünschten, Koreanisch zu lernen wäre so einfach wie das Zählen von Zahlen, oder? Aber diese Idee solltest du dir vielleicht verkneifen, denn... es gibt zwei Arten, Zahlen auf Koreanisch zu zählen!

Dazu ein paar Hintergrundinformationen: Bei koreanischen Wörtern gibt es so genannte chinesisch-koreanische Wörter und rein koreanische Wörter. Ersteres bezieht sich auf die Wörter, die auf traditionellen chinesischen Schriftzeichen basieren, da Korea in der Vergangenheit kein eigenes Schriftsystem hatte und auf das chinesische System angewiesen war. Daher haben die Koreaner viele Vokabeln übernommen, die auf diesem System basieren. Da die Koreaner aber ihre eigene Leseweise hatten, unterscheidet sich die Aussprache von der der Chinesen.

漢字　우리말

Oh, und keine Sorge - du brauchst die chinesischen Schriftzeichen nicht zu lernen, denn sie werden alle mit dem koreanischen Alphabet Hangul transkribiert (König Sejong der Große erfand 1443 ein einzigartiges Alphabet System, das wir am Anfang des Buches kennengelernt haben).

Nach dieser kleinen Geschichtsstunde fangen wir mit dem Zählen von Zahlen auf Koreanisch an!

	Chinesisch-koreanische Zahlen			Rein Koreanische Zahlen	
0	영 (공)				
1	일			하나	
2	이			둘	
3	삼			셋	
4	사			넷	
5	오			다섯	
6	육			여섯	
7	칠			일곱	
8	팔			여덟	
9	구			아홉	
10	십			열	
11	십일	십+일 (10) + (1)		열하나	열+하나 (10) + (1)
12	십이	십+이 (10) + (2)		열둘	열+둘 (10) + (2)
13	십삼	십+삼 (10) + (3)		열셋	열+셋 (10) + (3)
14	십사	십+사 (10) + (4)		열넷	열+넷 (10) + (4)
15	십오	십+오 (10) + (5)		열다섯	열+다섯 (10) + (5)
20	이십	이+십 (2)+ (10) **zwei+zehn = zwei+zig**		스물	
21	이십일	이십+일 (20) + (1) **twenty + one**		스물하나	스물+하나 (20) + (1)
30	삼십	삼+십 (3) + (10) **drei+zehn = drei+zig**		서른	
40	사십	사+십 (4) + (10) **vier+zehn = für+zig**		마흔	
50	오십	오+십 (5) + (10) **fünf+zehn = fün+zig**		쉰	
60	육십	육+십 (6) + (10) **sechs+zehn = sech+zig**		예순	
70	칠십	칠+십 (7) + (10) **sieben+zehn = sieb+zig**		일흔	
80	팔십	팔+십 (8) + (10) **acht+zehn = acht+zig**		여든	
90	구십	구+십 (9) + (10) **neun+zehn = neun+zig**		아흔	
100	백			온	
1,000	천			즈믄	
10,000	만			골	
100,000	십만	십+만 (10) + (10,000)		열골/열거믄	
1,000,000	백만			온골/온거믄	

Chinesisch-koreanische Zahlen

Die 0-10 zu kennen, ist schon die halbe Miete, denn es geht nur noch darum, die zehnte Ziffer und die einzelne Ziffer zusammenzusetzen!

11 십일 (10) + (1)
12 십이 (10) + (2)
13 십삼 (10) + (3)
14 십사 (10) + (4)

Zehntelziffer / Einzelziffer

Beachten Sie in der Tabelle, dass sich das Wort für die zehnte Ziffer bei jeder Zehntelmarkierung in der gleichen Reihenfolge von 1-9 ändert, gefolgt von dem Wort 십 10. Tatsächlich ist es genau dasselbe wie im Deutschen.

20 zwanzig ist 이십 (이 zwei + 십 zehn) -> zwei+zehn = zwei+zig
30 dreißig ist 삼십 (삼 drei + 십 zehn) -> drei+zehn = drei+zig
40 vierzig ist 사십 (사 vier + 십 zehn) -> vier+zehn = für+zig

daher,

21 이십일 (20) + (1)
34 삼십사 (30) + (4)

Und so weiter

Und 100 백 ist ein einzigartiges Wort, statt 십십 10+10.

Das Gleiche gilt für 1.000 천 und 10.000만.

200 "이백" : zwei + hundert
340 "삼백사십" : (drei + hundert) + (vier + zig)
592 "오백구십이" : (fünf + hundert) + (neun + zig) + (zwei)

Bei der Transkription von Zahlen auf Koreanisch wird jede 만 (Zehntausend)-Einheit
mit einem Abstand versehen.

6 132 "육천백삼십이" : (sechs + tausend) + (hundert) + (drei + zig) + (zwei)

78 232 "칠만 팔천이백삼십이" :
(sieben + zehntausend) + (acht + tausend) + (zwei + hundert) + (drei + zig) + (zwei)

칠만팔천이백삼십이 (X) 칠만 팔천이백삼십이 (O)
∧

So wie die 10 als Basiswert für 10, 20, 30... bis 90 diente,
tut nun 만 10.000 das gleiche für 100.000 und 1.000.000 und 10.000.000.

d.h. "Wie viele 'Zehntausend'?"

Das bedeutet,

10.000 만 (zehntausend = '1 Zehntausend')
100.000 십만 (zehn + zehntausend)
1.000.000 백만 (hundert + zehntausend)
10.000.000 천만 (tausend + zehntausend)

Das kann ziemlich verwirrend sein, weil die deutsche Zählweise 1.000 als Basiszeichen verwendet,
wo ein Komma gesetzt wird.

10.000 zehn Tausend / 100.000 hundert Tausend

Es ist also einfacher zu denken, dass die Koreaner vor alle vier Nullen ein Komma setzen,
und es als 만 zu lesen.

Zum Beispiel,

1.0000 만 / 10.0000 십만 Sie haben es verstanden!

Jetzt lesen wir ein paar GROSSE ZIFFERN!

83,924,315 "팔천삼백구십이만 사천삼백십오"

*Technisch gesehen heißt es 일백 / 일천 / 일만 / 일십만 für 100 / 1000 / 10000 / 100000,
aber umgangssprachlich wird es oft als 백 / 천 / 만 / 십만 ausgedrückt ...
also statt "Einhundert" heißt es "Hundert" und so weiter.

Aber in offiziellen Dokumenten, z. B. in einem Vertrag, wird es aus Gründen der Genauigkeit buchstabiert.

Rein Koreanische Zahlen

Rein koreanische Zahlen sind ebenfalls recht einfach zu beherrschen, weil es auch hier darum geht, Zahlen zusammenzusetzen, und man muss wirklich nur die Zahlen von 1-99 kennen, weil es im Rein-Koreanischen kein Wort für 0 gibt, und für 100 und darüber hinaus gibt es archaische rein koreanische Wörter, die fast nie verwendet werden (weniger Arbeit für uns, yay!)

Das ist sehr wichtig, denn jenseits von 100 werden chinesisch-koreanische Zahlen zum Zählen verwendet, auch für solche, die mit Rein-Koreanischen Zählwörtern gezählt werden (mehr dazu auf der nächsten Seite).

Wenn wir uns die Tabelle ansehen, können wir schnell die Zahlen von 1 bis 10 lernen.

Und von 11 bis 19 ist es genau dasselbe, weil man im Grunde genommen addiert:

"열하나" : zehn + eins
"열둘" : zehn + zwei
"열셋" : zehn + drei
und so weiter.

Jetzt müssen Sie nur noch die Zehner lernen, für die es keine besonderen Regeln gibt und die ihre eigenen Namen haben.

Und zwar,

Anstelle von 둘열 heißt es 스물.

Anstelle von 셋열 heißt es 서른.

Anstelle von 넷열 heißt es 마흔.

Merke sie dir einfach, denn es gibt nur 9 davon!

Aber auch kombinierte Zahlen wie 13, 25, 39, 54 sind die gleichen wie die chinesisch-koreanischen Zahlen.

13 열셋 (10) + (3)
25 스물다섯 (20) + (5)
39 서른아홉 (30) + (9)
54 쉰넷 (50) + (4)

Na gut! Lasst uns nun lernen, wann man was verwendet! Aber bevor wir weitermachen, müssen Sie noch ein sehr wichtiges Konzept kennen, nämlich das "Gegenwort".

Im Koreanischen haben die Wörter beim Zählen ein bestimmtes "Gegenwort" nach dem Subjekt/Objekt. Und hier sind die üblichen Beispiele.

	Chinesisch-koreanische Zahlen		Rein Koreanische Zahlen	
Tage	일	삼일 (drei **Tage**)		*
Monat	월	삼월 (**Monate** 3 = **März**)		
Monat (Dauer)	개월	일개월 (ein **Monat**)	달	한 달 (un **mois**)
Jahr	년	이년 (zwei **Jahre** / **Jahre** 2)	해	두 해 (deux **ans**)
Zeit	분	삼 분 (drei **Minuten**)	시	세 시 (trois **heures**)
Mensch	인	십일인 (elf **Personen**)	명/분	열한 명 (elf **Personen**) 열한 분 (elf **Personen**, Ehrentitel)
Etage/Stock	층	일층 (erste **Etage**)	층	한 층 (eine **Etage**)
Ding			개	OOO 네 개 (vier **ooo**)
Tier			마리	개 다섯 마리 (fünf **Hunde**)
Stück			조각	피자 여섯 조각 (sechs **Stück** Pizza)
Buch			권	책 일곱 권 (sieben **Bücher**)
Kleider			벌	정장 여덟 벌 (acht **Anzüge/Kleider**)
Papiere/Blätter			장	아홉 장 (neun **Seiten**)
Fahrzeuge			대	비행기 열 대 (zehn **Flugzeuge**)

Wie bereits kurz erwähnt, werden bei Zahlen über 100 chinesisch-koreanische Zahlen zum Zählen verwendet.

Auch bei den Wörtern, die Rein-Koreanische Gegenwörter verwenden, denn Rein-Koreanische Zahlen gehen nur bis 99.

Zum Beispiel,

"아흔 아홉 **대** Neunzig-neun **Fahrzeuge**" vs "백삼십사 **대** Einhundert-und-dreißig-vier **Fahrzeuge**"
"열세 **명** dreizehn **Personen/Menschen**" vs "이백삼십사 **명** zweihundert-und-dreißig-vier **Personen/Menschen**"

Hier sind ein paar Dinge zu beachten.

Beim Zählen mit Rein-Koreanischen Zahlen ändern die folgenden fünf Zahlen ihre Form, wenn sie VOR einem Zahlwort verwendet werden.

하나 -> 한 / 둘 -> 두 / 셋 -> 세 / 넷 -> 네 / 스물 -> 스무

Zum Beispiel,

"강아지 **하나 ein** Hund" ← <- wenn das Gegenwort 마리 nicht verwendet wird
(grammatikalisch falsch, aber dennoch sinnvoll).

vs.

"강아지 **한** 마리" ← hier wird 마리 korrekt verwendet und 하나 wird zu 한 und kommt vor dem Gegenwort 마리.

Genauso könnte man 어른 하나 ("ein Erwachsener"), 피자 다섯 ("fünf Pizzen") sagen,
ohne dass es ein Gegenwort gibt,

어른 한 **명** ("eine erwachsene **Person**") und 피자 다섯 **조각** ("fünf Pizza**stücke**"),
und trotzdem einen Sinn ergeben.

Es ist vergleichbar mit der Aussage "Wir nehmen fünf Wasser."
Technisch nicht korrekt, aber immer noch sinnvoll.

Denken Sie daran, wie sich die Formen ändern: 하나 -> 한, 둘 -> 두 und so weiter.

Im Deutschen sind Wörter wie "Tage", "Monate", "Jahre", "Minuten", "Stunden", "Menschen", "Stockwerk"
und "Scheiben" Gegenwörter,

Vous ne devriez donc pas avoir de problème pour comprendre le concept.

Sie sollten also kein Problem haben, das Konzept zu verstehen. Was Sie jedoch verwirren könnte,
sind die anderen Arten von Gegenwörtern, wie 마리 für Tiere, 권 für Bücher und 대 für Fahrzeuge,
weil diese Themen/Objekte kein spezifisches Gegenwort haben.

Das heißt, man würde nicht "zehn Flugzeugfahrzeuge" sagen, sondern "zehn Flugzeuge".
Auf Koreanisch heißt es 대,

also ist "비행기 열 **대**" est "zehn Flugzeug-**Fahrzeuge**".

Das Gleiche gilt für 마리 für Tiere,

Man würde nicht "fünf Hunde Tiere" sagen, sondern "fünf Hunde". Es gibt auch kein spezielles Gegenwort für Tiere (aber natürlich gibt es Ausdrücke wie "Fischschwarm", aber nicht im Allgemeinen).

개 다섯 마리 ist also "fünf Hunde Tiere" auf Koreanisch. Es mag seltsam klingen, aber Sie sollten wissen, dass es genau dasselbe Konzept wie die anderen Gegenwörter im Deutschen ist.
("Sechs Pizzen" vs. "sechs Pizzastücke")

In der Übersicht gibt es einige Gegenwörter, die sowohl für das Chinesisch-Koreanische als auch für das Reine-Koreanische verwendet werden, z. B. 층.

Aber beachten Sie, dass sie unterschiedliche Bedeutungen haben können - 일층 bedeutet "Stockwerk eins" und beschreibt den Ort, während 한 층 "ein Stockwerk" bedeutet und die Menge beschreibt. Ein weiteres Beispiel (nicht in der Abbildung) ist 번, das für Zahlen verwendet wird.

일번 bedeutet "Nummer eins", während 한 번 "ein Mal = einmal" bedeutet. Manche Wörter sind zwar austauschbar, können aber völlig unterschiedliche Bedeutungen haben, darauf sollten Sie achten.

Aber Sie brauchen sie nicht auswendig zu lernen als ob Sie sich auf eine Prüfung vorbereiten würden. Du wirst sie im Laufe des Kurses lernen!

A: Entschuldigen Sie bitte! Wo ist die Toilette?
B: Gehen Sie hoch in den 9 Stock.

A: Entschuldigen Sie bitte! Wo ist die Toilette?
C: Gehen Sie 9 Stockwerke hoch.

Bei Rein-Koreanischen Texten bleiben die Abschnitte für Tage/Monate leer, da sie nicht der in der Grafik beschriebenen allgemeinen Regel entsprechen und eine eigene Übersicht erfordern.

	Chinesisch-koreanische Zahlen	Rein Koreanische Zahlen
Januar	일월	정월
Februar	이월	
März	삼월	
April	사월	
Mai	오월	
Juni	유월	
Juli	칠월	
August	팔월	
September	구월	
Oktober	시월	
November	십일월	동짓달
Dezember	십이월	섣달

*Technisch gesehen sind 육월/십월 korrekt, aber sie wurden zu 유월/시월, weil sie leichter auszusprechen sind.

Zählen der Tage auf Rein-Koreanisch			
Tag 1 (Erster Tag) / Un Tag	초하루 / 하루	Tag 16 / 16 Tag	열엿새
Tag 2 (Zweiter Tag) / 2 Tag	이틀	Tag 17 / 17 Tag	열이레
Tag 3 / 3 Tag	사흘	Tag 18 / 18Tag	열여드레
Tag 4 / 4 Tag	나흘	Tag 19 / 19 Tag	열아흐레
Tag 5 / 5 Tag	닷새	Tag 20 / 20 Tag	스무날
Tag 6 / 6 Tag	엿새	Tag 21 / 21 Tag	스물하루
Tag 7 / 7Tag	이레	Tag 22 / 22Tag	스무이틀
Tag 8 / 8 Tag	여드레	Tag 23 / 23 Tag	스무사흘
Tag 9 / 9 Tag	아흐레	Tag 24 / 24 Tag	스무나흘
Tag 10 / 10 Tag	열흘	Tag 25 / 25 Tag	스무닷새
Tag 11 / 11 Tag	열하루	Tag 26 / 26 Tag	스무엿새
Tag 12 / 12 Tag	열이틀	Tag 27 / 27 Tag	스무이레
Tag 13 / 13 Tag	열사흘	Tag 28 / 28 Tag	스무여드레
Tag 14 / 14 Tag	열나흘	Tag 29 / 29 Tag	스무아흐레
Tag 15 / 15 Tag	열닷새 (보름)	Tag 30 / 30 Tag	그믐
		Tag 31 / 31 Tag	*Nicht anwendbar, da das Mondkalendersystem keinen 31. Tag kennt.

Okay, wann sollte man also was verwenden?

Chinesisch-koreanische Zahlen

*Dies sind "Gegenwörter".

Das Datum aussprechen
일월 일일 (Monat **1**, Tag **1** = 1. Januar)

Aufsagen bestimmter Nummern (Telefonnummern, Wohnungsnummern usw.)

이이일-삼일삼사 (221-3134)
십육동 이십삼호 (Gebäude #16, Einheit #23)

Das Zählen der Tage
일일 (**1** Tag / **ein** Tag), 이일 (**2** Tage / Tag **2**), 삼일 (**3** Tage / Tag **3**)

Das Zählen der Jahre
일년 (**ein** Jahr / Jahr **1**) 이년 (**zwei** Jahre / Jahr **2**), 이천이십년 (**2020** Jahre / Jahr **2020**)

Das Zählen der Monate
일 개월 (**1** Monat),

Zählen des Geldes
삼만 구천원 (39,000 Won)

Rein-Koreanische Zahlen

Beim Zählen von Dingen, die oben nicht erwähnt werden und nicht mit den chinesisch-koreanischen Wörtern austauschbar sind.

조약돌 **하나** "**ein** Kieselstein" 조약돌 한 **개** "ein Kieselstein**ding**"

*Dies ist ein Gegenwort.

PRAXIS-QUIZ

Welche der folgenden Zahlen sind chinesisch-koreanische Zahlen?

하나 / 이 / 셋 / 넷 / 오 / 육 / 일곱 / 여덟 / 구 / 열

Antworten : 이 / 오 / 육 / 구

Welche der folgenden Zahlen sind Rein-Koreanische Zahlen?

십 / 열 / 십일 / 열둘 / 십삼 / 열여섯 / 이십 / 스물

Antworten : 열 / 열둘 / 열여섯 / 스물

Schreiben Sie die folgenden Zahlen als chinesisch-koreanische Zahlen.

8 / 39 / 88 / 93 / 100 / 115 / 831

Antworten : 팔 / 삼십구 / 팔십팔 / 구십삼 / (일)백 / (일)백십오 / 팔백삼십일

Schreiben Sie die folgenden Zahlen als Rein-Koreanische Zahlen.

8 / 39 / 88 / 93 / 100 / 115 / 831

Antworten : 여덟 / 서른아홉 / 아흔셋 / NA / NA / NA

Wählen Sie für die folgenden deutschen Sätze die richtige Übersetzung.

3 Tage	삼일 | 사흘 | Beide	**3 Monate**	삼개월 | 세 달 | Beide
3 Jahre	삼년 | 세 해 | Beide	**Etage 1**	일층 | 한 층 | Beide
9 Hunde	개 구 마리 | 개 아홉 마리 | Beide	**5 Bücher**	책 오 권 | 책 다섯 권 | Beide

Antworten: Beide/ Beide/ Beide/ 일층 / 개 아홉 마리 / 책 다섯 권

Wählen Sie bei den folgenden Wörtern die richtigen Gegenwörter aus.

15 Vögel	새 다섯 ( )	**3 Scheiben Brot**	빵 세 ( )
20 Blätter Papier	종이 스무 ( )	**8 Fahrräder**	자전거 여덟 ( )

Antworten: 마리 / 조각 / 장 / 대

Die Uhrzeit auf Koreanisch sagen

Also gut! Dank des fleißigen Trainings im Zählen von Zahlen können wir leicht lernen,
wie man die Zeit auf Koreanisch sagt.

Man muss nur die Zählwörter kennen,

"시" für Stunde / "분" für Minute / "초" für Sekunde

und die Regel, dass die:
Stunde verwendet **Rein-Koreanische Zahlen** ;
die **Minute** und die **Sekunde** enthalten **chinesisch-koreanische Zahlen**!

Zum Beispiel ist die obige Zeit

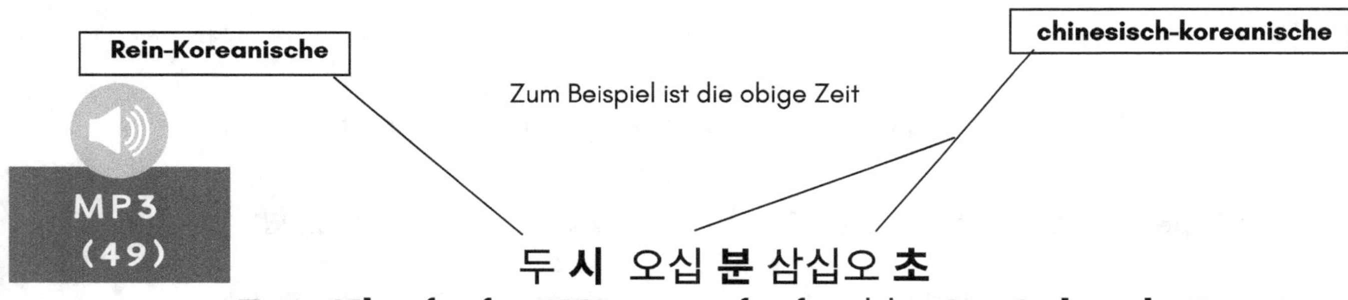

두 **시** 오십 **분** 삼십오 **초**
Zwei **Uhr**, fünfzig **Minuten**, fünfunddreißig **Sekunden**

MP3
(49)

Ein anderes Beispiel –

다섯 **시** 사십 **분** 오 초
Fünf **Uhr**, vierzig **Minuten**, fünf **Sekunden**
5:40:05

Vielleicht fragen Sie sich, ob es im Deutschen auch andere Formen der Zeitangabe gibt,
wie "Viertel vor fünf" oder "halb elf"?

Es gibt sie, aber es gibt kein offizielles "Viertel", und es werden nur "vor" und "halb" verwendet.

전 vor / bis: 여섯 **시** 십오 **분 전** <- 15 **Minuten** vor sechs **Uhr** (= kein "Viertel" bis sechs)

반 halb: 일곱 **시 반** <- "**halb**" nach sieben.

"Halb" wird nie allein verwendet, um "dreißig Minuten" vor / zu bedeuten,
sondern kann in Verbindung mit 시간 "Stunde" verwendet werden.

d.h., **반 전** 세**시** "halb vor drei Uhr" (X) <- kann nicht allein verwendet werden

두 **시간 반 전** 세 **시** (○)

die "Zielzeit" wird
ans Ende gesetzt

Beim Zählen von
Stunden heißt es 시간,
nicht 시.

Und ja, es ist völlig in Ordnung, "삼십 분" anstelle von "halb" zu verwenden.

세 **시** 삼십 **분 전**

Methoden der Zeitangabe

정각 (gerade / pünktlich)
세 시 **정각**
Punkt drei Uhr

오전 (am Morgen)
오전 9시
Neun Uhr am Morgen.

정오 (mittags)
12:00 PM

오후 (nachmittags)
오후 9시
Neun Uhr am Abend.

"오" bedeutet auf Chinesisch-Koreanisch "Tag/Tageszeit", also ist 오전 (AM) "vor dem Tag" und 오후 (PM) "nach dem Tag".

PRAXIS-QUIZ

Wie viel Uhr ist es? Schreiben Sie die Uhrzeit unter jeder Uhr auf Koreanisch.

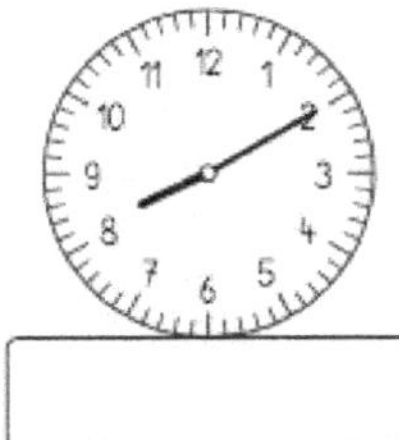

Antworten : 여덟 시 오십 분 / 여덟 시 십 분 / 한 시 사십오 분

Zeichnen Sie die Minuten-/Stundenzeiger der Uhr.

| 한 시 사십 분 | 네 시 삼십 분 | 두 시 삼십오 분 |

Antworten   

Schreiben Sie die Uhrzeit auf Koreanisch mit 반 / 정각.

Antworten : 두 시 반 / 열한 시 정각 / 열두 시 반
여덟 시 반 / 열 시 반 / 일곱 시 반

Schreiben Sie die Uhrzeit auf Koreanisch mit 전.

______ 시 ______ 분 전   **ODER**   ______ 분 전 ______ 시

______ 시 ______ 분 전   **ODER**   ______ 분 전 ______ 시

Antworten: 세 시 이십 분 전 ODER 이십 분 전 세 시
여섯 시 십 분 전 ODER 십 분 전 여섯 시

ARTEN VON SÄTZEN

<u>ERLÄUTERN & BESCHREIBEN</u>

Beim Erklären und Beschreiben, was etwas ist ("to be = sein / bin / sind"),
fügen Sie nach einem Subjekt/Objekt bei **positiven** Sätzen Folgendes hinzu

~입니다. (förmlich/öffentlich/hochhöflich)
~다 / 이다. (formell / schlicht / unhöflich)

(<u>Es **ist**</u>) ein Hund.
강아지**입니다**. (förmlich/öffentlich/hochhöflich)
강아지**다**. (formell / schlicht / unhöflich)

(<u>Es ist</u>) eine Hand.
손**입니다**. (förmlich/öffentlich/hochhöflich)
손**이다**. (formell / schlicht / unhöflich)

(förmlich/öffentlich/hochhöflich)

(formell / schlicht / unhöflich)

Mein Name **ist** Tony.
Ich **bin** ein Junge.
Ich **bin** drei Jahre alt.

Ich **bin** ein Genie.
Ich **bin** orangefarben.
Ich **bin** ein Dreieck.

PRAXIS-QUIZ

Bilden Sie mit den folgenden Wörtern positive Sätze, die ein Subjekt/Objekt erklären/beschreiben.

나(ich) / 학생 (Schüler) – (förmlich/öffentlich/hochhöflich) _______________________________

– (formell / schlicht / unhöflich) ___________________________

영희 (Yeong-hee) / 세 살 (drei Jahre alt) – (förmlich/öffentlich/hochhöflich)_______________________________

– (formell / schlicht / unhöflich) _______________________________

Antworten: 나는 학생입니다. / 나는 학생이다. / 영희는 세 살입니다. / 영희는 세 살이다.

Fügen Sie bei **negativen** Sätzen nach einem Subjekt/Objekt Folgendes hinzu.

~(이/가) 아닙니다. (förmlich/öffentlich/hochhöflich)
~(이/가) 아니다. (formell / schlicht / unhöflich)

(Es **ist**) **kein** Hund.
강아지가 **아닙니다**. (förmlich/öffentlich/hochhöflich)
강아지가 **아니다**. (formell / schlicht / unhöflich)

(Es **ist**) **keine** Hand.
손이 **아닙니다**. (förmlich/öffentlich/hochhöflich)
손이 **아니다**. (formell / schlicht / unhöflich)

(förmlich/öffentlich/hochhöflich)

Mein Name **ist nicht** Tony.
Ich **bin kein** Junge.
Ich **bin nicht** drei Jahre alt.

(formell / schlicht / unhöflich)

Ich **bin kein** Genie.
Ich **habe nicht** die Farbe Orange.
Ich **bin kein** Dreieck.

PRAXIS-QUIZ

Bilden Sie mit den folgenden Wörtern negative Sätze, die ein Subjekt/Objekt erklären/beschreiben.

나(ich) / 학생 (Schüler) - (förmlich/öffentlich/hochhöflich) _______________________________
           - (formell / schlicht / unhöflich) ______________________________

영희 (Yeong-hee) / 세 살 (drei Jahre alt) - (förmlich/öffentlich/hochhöflich)_______________________________
           - (formell / schlicht / unhöflich) ______________________________

Antworten: 나는 학생이 아닙니다. / 나는 학생이 아니다. / 영희는 세살이 아닙니다. / 영희는 세살이 아니다.

NEGATION / VERNEINUNG

안 / ~지 않다

Es gibt zwei Arten, einen Satz zu verneinen, die austauschbar verwendet werden können. Wir wollen lernen, wie sie sich unterscheiden.

MP3
(53)

> Ausgangssatz: 김밥을 먹었다. Ich habe Kimbap gegessen.

① Füge **안** hinzu, das vor dem Verb / Adjektiv steht, um einen Satz zu negieren.

김밥을 <u>안</u> 먹었다. Ich habe <u>kein</u> Kimbap gegessen.

② -> Hier müssen Sie nur "안" vor dem Verb 먹었다 einfügen, um die Handlung zu verneinen.

Sie können auch **~지 않다** an den **Stamm** des Verbs / Adjektivs anhängen, um einen Satz zu negieren.

김밥을 먹<u>지 않았다</u>. Ich habe <u>kein</u> Kimbap gegessen.
->Damit konjugieren Sie das Verb / Adjektiv.

Welches du wählst, ist ganz dir überlassen, wobei beide dasselbe bedeuten.

Wie wäre es hiermit?

김밥을 <u>안</u> 먹<u>지않았다</u>.
Ich habe <u>kein</u> <u>kein</u> Kimbap gegessen = Ich habe Kimbap gegessen.

Doppelte Verneinung, ist positiv. Ich habe das nur erwähnt,
um Ihnen eine Vorstellung davon zu geben, wie sie funktionieren.

Warum können wir nicht fliegen?

Manche Vögel können nicht fliegen.

PRAXIS-QUIZ

Wandeln Sie die folgenden positiven Sätze mit **안** oder **~지 않다** in negative Sätze um.

날씨가 덥다 Das Wetter ist heiß.

_______________________ das Wetter ist nicht heiß.

_______________________ das Wetter ist nicht heiß.

그 현실이 놀랍다! Die Realität ist überraschend!

_______________________ Die Realität ist nicht überraschend!

_______________________ Die Realität ist nicht überraschend!

거북이는 느리다 Die Schildkröte ist langsam.

_______________________ Die Schildkröte ist nicht langsam.

_______________________ Die Schildkröte ist nicht langsam.

물이 맑다 Das Wasser ist klar.

_______________________ Das Wasser ist nicht klar.

_______________________ Das Wasser ist nicht klar.

Antworten : 날씨가 안 덥다. 날씨가 덥지 않다. / 그 현실이 안 놀랍다. 그 현실이 놀랍지 않다.
거북이는 안 느리다. 거북이는 느리지 않다. / 물이 안 맑다. 물이 맑지 않다.

ZWISCHEN OPTIONEN WÄHLEN

~(이)나 mit einem Substantiv.

ODER

강아지나 고양이

Ein Hund <u>oder</u> eine Katze

* ~나, wenn es auf einen Vokal endet

ODER

책이나 잡지

Ein Buch <u>oder</u> eine Zeitschr.

* ~이나, wenn es auf einen Konsonanten endet

PRAXIS-QUIZ

Verwenden Sie entweder ~이 / ~나 für das folgende Thema

발 (Fuß) _____ 손 (Hand)   비 (Regen) ______ 눈 (Schnee)

소리 (Klang) ______ 냄새 (Geruch)   불 (Feuer) ______ 물 (Wasser)

Antworten: 발이나 손 / 비나 눈 / 소리나 냄새 / 불이나 물

~거나 mit einem Verb / Adjektiv

Füge ~거나 an einen Verb- / Adjektivstamm an

ODER

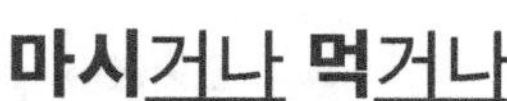

마시거나 먹거나
Zu trinken <u>oder</u> zu essen
*(마시다 zu trinken) *(먹다 zu essen)

맵거나 짜거나
Scharf <u>oder</u> salzig
*(맵다 Scharf) *(짜다 salzig)

PRAXIS-QUIZ

Wandle die folgenden Verben / Adjektive in die ~거나-Form um.

입다 (anziehen) & 벗다 (ausziehen) ->

걷다 (gehen) & 뛰다 (laufen) ->

많다 (ist reichlich) & 적다 (ist ungenügend) ->

가볍다 (ist leicht) & 무겁다 (ist schwer) ->

Antworten: 입거나 벗거나 / 걷거나 뛰거나 / 많거나 적거나 / 가볍거나 무겁거나

KOMPARATIV

~보다 & 더 / 덜

A 보다 B 가 <u>더 / 덜</u> ADJEKTIV

*보다 ist **nicht** das Verb für sehen/schauen

B ist <u>mehr/weniger</u> ADJEKTIV **als** A

Zum Beispiel,

장미 **보다** 튤립이 <u>더</u> 예쁘다.

Tulpen sind <u>mehr</u> schöner **als** Rosen.

장미 **보다** 튤립이 <u>덜</u> 예쁘다.

Tulpen sind <u>weniger</u> schön **als** Rosen.

나**보다** 철수가 <u>더</u> 똑똑하다. Ich bin <u>mehr</u> klüger **als** Cheol-su.

나**보다** 철수가 <u>덜</u> 똑똑하다. Ich bin <u>weniger</u> klug **als** Cheol-su.

생각**보다** 술을 <u>더</u> 마셨다. Ich habe <u>mehr</u> Alkohol getrunken, **als** ich dachte.

생각**보다** 술을 <u>덜</u> 마셨다. Ich habe <u>weniger</u> Alkohol getrunken, **als** ich dachte.

PRAXIS-QUIZ

Übersetzen Sie die folgenden deutschen Sätze mit 보다 und 더 / 덜 ins Koreanische.

그릇 (Schale) / 뜨겁다 (ist heiß) / 컵 (Tasse)

Die Schale ist heißer als die Tasse.

-> ____

Die Tasse ist weniger heiß als die Schale.

-> ____

오늘의 (heute) / 뉴스 (Nachrichten) / 놀랍다 (ist überraschend) / 어제의 (gestern)

Die Nachrichten von heute sind überraschender als die von gestern.

-> ____
Die Nachrichten von gestern sind weniger überraschend als die Nachrichten von heute.

-> ____

거북이 (Schildkröte) / 느리다 (ist langsam) / 달팽이 (Schnecke)

Die Schildkröte ist mehr langsam (= langsamer) als die Schnecke.

-> ____

Die Schnecke ist weniger langsam als die Schildkröte.

-> ____

얼음 (Eis) / 맑다 (ist klar) / 우유 (Milch)

Eis ist mehr klar (= klarer) als Milch.

-> ____

Milch ist weniger klar als Eis.

-> ____

AUSRUFE-SATZ (AUSRUF)

~구나! / ~(ㄹ)수가!

Die Regel ist sehr einfach! Füge einfach ~**구나!** oder ~**(ㄹ)수가** an den Adjektivstamm an, um einen ausrufenden Satz zu bilden:

"-**구나!**" Beispiel :

예쁘다. ist hübsch. → **예쁘구나**! wie hübsch!

아름답다 ist wunderschön -> **아름답구나**! wie wunderschön!

정말 **훌륭하**구나!

(Es ist) wirklich toll! = Wie toll!

맛있구나!

(Es ist) lecker! = Wie lecker!

빠르구나!

(Du bist) schnell! = Wie schnell!

PRAXIS-QUIZ

Wandeln Sie die folgenden Adjektive in Ausrufungssätze um.

덥다 (es ist heiß) -> ___________________

놀랍다 (es ist überraschend) -> ___________________

느리다 (es ist langsam) -> ___________________

맑다 (es ist klar) -> ___________________

뿌옇다 (es ist bewölkt) -> ___________________

Antworten : 덥구나! / 놀랍구나! / 느리구나! / 맑구나! / 뿌옇구나!

MP3 (58)

Füge ~(ㄹ)수가 zum Adjektivstamm hinzu, um Folgendes zu bedeuten:

예쁘다 ist schön. -> 예쁠수가 (예쁘+ㄹ수가)! wie kann (Subjekt) schön sein!
아름답다 ist schön. -> 아름다울수가! 아름답을수가 (X) wie kann (Subjekt) schön sein!

Aber bei ~(ㄹ) 수가! ist die Bedeutung unvollständig,
wenn sie nicht durch einen der folgenden Ausdrücke ergänzt wird

(Der Grund hierfür ist hervorgehoben).

이렇게 wie dies / 저렇게 wie das / 그렇게 wie es (das)

예쁘다 ist hübsch –> 이렇게/저렇게/그렇게 예쁠수가 (예쁘+ㄹ수가)!
wie kann man hübsch sein (wie dies/das/es)!

아름답다 ist schön –> 이렇게/저렇게/그렇게 아름다울수가!
wie kann man schön sein (wie dies/das/das)!

저렇게 멍청할수가!

Wie kann man nur so dumm sein!

이렇게 행복할수가!

Wie kann (ich) nur so glücklich sein!

그렇게 착할수가!

Wie kann (Subjekt) so freundlich sein?

PRAXIS-QUIZ

Wandle die folgenden Adjektive mit ~(ㄹ)수가 in Ausrufesätze um!

덥다 (es ist heiß) ->

놀랍다 (es ist überraschend) ->

느리다 (es ist langsam) ->

맑다 (es ist klar) ->

뿌옇다 (es ist bewölkt) ->

WÜNSCHEN/HOFFEN

~(으)면 좋겠다

Fügen Sie **~(으)면 좋겠다** zum Verb-/Adjektivstamm hinzu, um zu sagen: "Ich würde gerne, wenn..."

Zum Beispiel,

예쁘다 ist schön -> **예쁘면 좋겠다**! Ich möchte, dass es schön ist = Ich wünsche/hoffe, dass es schön ist.

보다 sehen -> **보면 좋겠다**! Es würde mir gefallen, wenn du es siehst. = Ich wünsche/hoffe, dass du es siehst.

먹다 essen -> **먹으면 좋겠다**! Ich würde es mögen, wenn du es isst. = Ich wünsche/hoffe, dass du es isst.

Es gibt einen neuen Film und ich würde mich freuen, wenn du ihn dir mit mir ansiehst!

Ich hoffe, er ist lustig!

PRAXIS-QUIZ

Wandle die folgenden Verben / Adjektive mit **~(으)면 좋겠다** in die Wunsch-/Hoffnungsform um.

먹다 essen →___________________________ wünschen/hoffen (ich) kann essen

놀다 spielen →___________________________ wünschen/hoffen, dass (ich) spielen kann

주다 geben →___________________________ geben -> wünschen/hoffen, dass (ich) geben kann

구르다 rollen →___________________________ rollen -> wünschen/hoffen, dass (ich) rollen kann

더럽다 ist schmutzig →___________________________ wünschen/hoffen, dass (es) schmutzig ist

크다 ist groß →___________________________ wünschen/hoffen, dass (es) groß ist

BESCHLUSS/BESTIMMUNG

~아/어야 한다

Fügen Sie **~아/어야 한다**" zum Verb-/Adjektivstamm hinzu, um "sollte/muss (sein)" zu bedeuten.

Zum Beispiel,

보다 sehen -> **봐야 한다** (보+**아야 한다**) (Subjekt) muss/sollte sehen/sehen

날다 fliegen -> **날**아야 한다 (Subjekt) muss/sollte fliegen

먹다 zu essen -> **먹**어야 한다 (Subjekt) muss/sollte essen

예쁘다 ist hübsch -> **예뻐야 한다** (예쁘 + 어야 한다) (Subjekt) muss/sollte hübsch sein

맵다 ist scharf -> **매워**야 한다 (매+**우어야 한다**) *unregelmäßige Konjugation (Lebensmittel) muss/sollte scharf sein

나는 지금 **일어나**야 한다.
Ich <u>muss</u> jetzt **aufwachen**.

나는 집에 **가야** 한다.
Ich <u>sollte</u> nach Hause **gehen**.

PRAXIS-QUIZ

Fügen Sie **~아야/어야 한다** zu den Verb-/Adjektivstämmen hinzu, um "muss/sollte (sein)" zu bedeuten.

놀다 spielen -> _______________________ muss/sollte spielen

입다 tragen -> _______________________ muss/sollte tragen

구르다 rollen -> _______________________ muss/sollte rollen

더럽다 ist schmutzig -> _______________________ soll/muss schmutzig sein

크다 ist groß -> _______________________ muss/sollte groß sein

ERLAUBNIS

~아/어 도 된다 / ~(으)면 안된다

Füge **~아/어 도 된다** zum Verb / Adjektivstamm hinzu, um "dürfen" = "es ist erlaubt" = "können" zu bedeuten.

Zum Beispiel,

보다 zu sehen -> **봐도 된다** (보+아도 된다). (Subjekt) ist/wird/sind erlaubt, (es) zu sehen.

날다 fliegen-> **날아도 된다**. (Subjekt) ist/ist/erlaubt zu fliegen.

먹다 zu essen -> **먹어도 된다**. (Subjekt) ist/ist/sind erlaubt zu essen.

예쁘다 ist hübsch -> **예뻐도 된다**. (예쁘+어도) (Subjekt) ist/ist/erlaubt, hübsch zu sein.

맵다 Ist scharf -> **매워도 된다** (매+우어도= 매워도) *unregelmäßige Konjugation (Essen) ist erlaubt, scharf zu sein.

오늘은 늦게 일어나도 된다.

Es ist okay, heute spät aufzustehen.
= (Subjekt) darf heute spät aufstehen.

저녁에 사과를 먹어도 된다.

Es ist in Ordnung, nachts einen Apfel zu essen.
= (Subjekt) darf nachts einen Apfel essen.

PRAXIS-QUIZ

Wandle die folgenden Verben / Adjektive zur Beschreibung der Erlaubnis mit **~아/어도 된다** um.

놀다 zu spielen -> ___________________ darf/kann spielen

입다 tragen -> ___________________ dürfen/können tragen

구르다 rollen -> ___________________ darf/kann rollen

더럽다 ist schmutzig -> ___________________ darf/kann schmutzig sein

크다 ist groß ->___________________ darf/kann groß sein

Antworten : 놀아도 된다. / 입어도 된다. / 굴러도 된다. / 더러워도 된다. / 커 (크+어)도 된다.

Fügen Sie ~(으)면 안된다 zum Verb-/Adjektivstamm hinzu,
um "nicht dürfen" = "es ist nicht in Ordnung" = "nicht dürfen" zu bedeuten.

Zum Beispiel,

보다 zu sehen -> 보면 안된다. (Subjekt) ist/ist/sind nicht erlaubt, (es) zu sehen.

날다 zu essen -> 날면 안된다. (Subjekt) ist/ist/ist nicht erlaubt zu fliegen.

먹다 manger -> 먹으면 안된다. (Subjekt) ist/ist/sind nicht erlaubt zu essen.

예쁘다 ist hübsch -> 예쁘면 안된다. (Subjekt) ist/ist/sind nicht erlaubt, hübsch zu sein.

맵다 ist scharf -> 매우면 안된다. (*unregelmäßige Konjugation) (Essen) darf nicht scharf sein.

쓰레기를 버리면 안된다.

Es ist nicht in Ordnung, den Müll wegzuwerfen.
= (Subjekt) darf den Müll nicht wegwerfen.

눈을 뜨면 안된다.

Es ist nicht in Ordnung, die Augen zu öffnen.
= (Subjekt) darf die Augen nicht öffnen.

PRAXIS-QUIZ

Wandeln Sie die folgenden Verben / Adjektive zur Beschreibung der Erlaubnis mit ~(으)면 안된다 um.

놀다 spielen → _________________________ darf nicht spielen / nicht spielen dürfen

입다 tragen → _________________________ darf nicht tragen / nicht tragen dürfen

구르다 rollen → _________________________ dürfen nicht rollen / darf nicht rollen

더럽다 ist schmutzig → _________________________ darf/kann nich schmutzig sein

크다 être grand → _________________________ darf/kann nich groß sein

Antworten: 놀면 안된다. / 입으면 안된다. / 구르면 안된다. / 더러우면 안된다다. / 크면 안된다.

BEGRÜNDUNG

~아/어서 / ~기 때문에

Füge **~아/어서 / ~기 때문에** zum Verb / Adjektivstamm hinzu, um "weil (von)" zu bedeuten.

Zum Beispiel,

보다 sehen -> **봐**서 (보+아서) ODER **보**기 때문에 weil ich sehe/schaue

z.B.,) 지금 영화를 **봐**서 (보기 때문에), 통화 할 수 없다.

Ich kann jetzt nicht telefonieren, weil ich gerade einen Film sehe.

날다 fliegen -> **날**아서 ODER **날**기 때문에 weil (Subjekt) fliegen/fliegt

z.B.,) 모기는 너무 빨리 **날**아서 (날기 때문에), 잡기 힘들다.

Stechmücken sind schwer zu fangen, weil sie zu schnell fliegen.

먹다 essen -> **먹**어서 ODER **먹**기 때문에 weil (Subjekt) essen(isst)

z.B.,) 나는 화가 나면 너무 많이 **먹**어서 (**먹**기 때문에), 조심해야 한다.

Ich muss vorsichtig sein, weil ich zu viel esse, wenn ich wütend bin.

예쁘다 ist hübsch -> **예뻐**서 ODER **예쁘**기 때문에 weil (Subjekt) hübsch ist/sind/bin

z.B.,) 그녀는 **예뻐**서 (**예쁘**기 때문에), 모두가 부러워한다.

Alle sind neidisch, weil sie hübsch ist.

맵다 ist scharf -> **매워**서 (매+우어서= 매워서 **unregelmäßige Konjugation) ODER **맵**기 때문에

weil (Essen) scharf ist

z.B.,) 음식이 **매워**서 (**맵**기 때문에), 물을 많이 마셨다.

(Subjekt) hat viel Wasser getrunken, weil das Essen scharf ist.

(Subjekt) kann die Lichter sehen, <u>weil es dunkel ist</u>.

PRAXIS-QUIZ

Füge **~아서/어서/~기 때문에** zu Verb- / Adjektivstämmen hinzu, um "weil (von)" zu bedeuten.

놀다 zu spielen -> _____________________ weil (ich) spiele

입다 anziehen -> _____________________ weil (ich) anziehe

구르다 rollen -> _____________________ weil (ich) rollen

더럽다 ist schmutzig -> _____________________ weil (ich) schmutzig bin/sind/ist

크다 ist groß -> _____________________ weil (ich) bin/sind/ist groß

Antworten : 놀기 때문에 ODER 놀아서 / 입기 때문에 ODER 입어서 / 구르기 때문에 ODER 굴러서 / 더럽기 때문에 ODER 더러워서 / 크기 때문에 ODER 커서.

MÖGLICHKEIT

~ㄹ/을 수 있다 / ~ㄹ/을 수 없다

Füge **~ㄹ/을 수 있다** zum Verb / Adjektivstamm hinzu, um "es ist möglich" = "kann (sein)" zu bedeuten.

Zum Beispiel,

보다 zu sehen -> **볼** 수 있다. Es ist möglich, (es) zu sehen. = (Subjekt) kann (es) sehen.

날다 fliegen -> **날** 수 있다. Es ist möglich zu fliegen. = (Subjekt) kann fliegen.

먹다 zu essen -> **먹**을 수 있다. Es ist möglich zu essen. = (Subjekt) kann essen.

예쁘다 ist hübsch -> **예쁠** 수 있다. Es ist möglich, hübsch zu sein. = (Subjekt) kann hübsch sein.

맵다 ist scharf -> **매울** 수 있다 (*unregelmäßige Konjugation) Es ist möglich, dass (Essen) scharf ist.

= Es kann scharf sein.

할 수 있다!

(**하다** + ㄹ 수 있다 = **할** 수 있다)

Ich kann es tun!

PRAXIS-QUIZ

Wandle die folgenden Verben / Adjektive um, um die Möglichkeit mit **~ㄹ/을 수 있다** zu beschreiben.

놀다 zu spielen -> _____________________ spielen können

입다 zu tragen -> _____________________ kann tragen

구르다 rollen ->_____________________ kann rollen

더럽다 ist schmutzig -> _____________________ kann schmutzig sein

크다 ist groß -> _____________________ kann groß sein

Antworten: 놀 수 있다. / 입을 수 있다. / 구를 수 있다. / 더러울 수 있다. / 클 수 있다.

Im umgekehrten Fall fügen Sie ~ㄹ/을 수 없다 zum Verb / Adjektivstamm hinzu,
um "es ist nicht möglich" = "kann nicht (sein)" zu bedeuten.

Zum Beispiel,

보다 zu sehen -> 볼 수 없다. Es ist nicht möglich, (es) zu sehen. = (Subjekt) kann (es) nicht sehen.

날다 fliegen -> 날 수 없다. Es ist nicht möglich zu fliegen. = (Subjekt) kann nicht fliegen.

먹다 zu essen -> 먹을 수 없다. Es ist nicht möglich zu essen. = (Subjekt) kann nicht essen.

예쁘다 ist hübsch -> 예쁠 수 없다. ist hübsch -> Es ist nicht möglich, hübsch zu sein.

= (Subjekt) kann nicht hübsch sein.

맵다 ist scharf -> 매울 수 없다 (*unregelmäßige Konjugation) Es ist nicht möglich, dass (Essen) scharf ist.

= Es kann nicht scharf sein.

할 수 없다!

(하다 + ㄹ 수 없다 = 할 수 없다)

Ich kann es nicht tun!

PRAXIS-QUIZ

Wandle die folgenden Verben / Adjektive um, um die Möglichkeit mit ~ㄹ/을 수 없다 zu beschreiben.

놀다 zu spielen -> _________________________ kann nicht spielen

입다 tragen -> _________________________ nicht tragen können

구르다 rollen -> _________________________ kann nicht rollen

더럽다 ist schmutzig -> _________________________ kann nicht schmutzig sein

크다 ist groß -> _________________________ kann nicht groß sein

Antworten: 놀 수 없다. / 입을 수 없다. / 구를 수 없다. / 더러울 수 없다. / 클 수 없다.

TROTZDEM

~지만

Füge **~지만** zum Verb-/Adjektivstamm hinzu, um "trotz/obwohl" zu bedeuten.

Zum Beispiel,

보다 zu sehen -> **보지만** trotz/obwohl (Subjekt) sieht (s)/schaut

z.B., 영화를 **보지만**, 공부 할 수 있다. <u>Obwohl</u> ich einen Film <u>sehe</u>, kann ich lernen.

날다 fliegen -> **날지만** 날지만 trotz/obwohl (Subjekt) fliegen/fliegen

z.B., 모기는 빨리 **날지만**, 잡을 수 있다. <u>Obwohl</u> Mücken schnell <u>fliegen</u>, kann (ich) sie fangen.

먹다 zu essen -> **먹지만** trotz/obwohl (Subjekt) essen(isst)

z.B., 나는 많이 **먹지만**, 날씬하다. <u>Obwohl</u> ich viel <u>esse</u>, bin ich dünn.

예쁘다 ist hübsch -> **예쁘지만** trotz/obwohl (Subjekt) hübsch ist/wird/sind

z.B., 장미꽃은 **예쁘지만**, 가시가 있다. <u>Obwohl</u> Rosen hübsch <u>sind</u>, haben sie Dornen.

맵다 ist scharf -> **맵지만** (*unregelmäßige Konjugation) trotz/obwohl (Essen) scharf ist

z.B., 김치는 **맵지만**, 건강에 좋다. <u>Obwohl</u> Kimchi scharf <u>ist</u>, ist es gut für die Gesundheit.

<u>Obwohl</u> das Wetter kalt <u>ist</u>, fühlt es sich gut an.

<u>Obwohl</u> Ornamente schön <u>sind</u>, sind sie kompliziert.

PRAXIS-QUIZ

Füge **~지만** zu Verb-/Adjektivstämmen hinzu, um "trotz/obwohl" zu bedeuten.

spielen -> _____________________ trotz/obwohl (Subjekt) spielen

tragen -> _____________________ trotz/obwohl (Subjekt) tragen

rollen -> _____________________ trotz/obwohl (Subjekt) rollen

ist schmutzig -> _____________________ trotz/obwohl (Subjekt) schmutzig ist/wird/sind

ist groß -> _____________________ trotz/obwohl (Subjekt) groß ist/wird/sind

Antworten: 놀지만 / 입지만 / 구르지만 / 더럽지만 / 크지만

ZITAT

~(ㄴ/는)다고 / ~았/었다고 / ~ㄹ 거라고

Füge **~(ㄴ/는다고)** zum Verb / Adjektivstamm hinzu, um "sagt, dass (Subjekt) + Handlung Gegenwart" zu bedeuten

Füge **~았/었다고** zum Verb- / Adjektivstamm hinzu, um "sagt, dass (Subjekt) + Handlung Vergangenheit" zu bedeuten

Füge **~ㄹ 거라고** zum Verb / Adjektivstamm hinzu, um "sagt, dass (Subjekt) + Handlung Zukunft" zu bedeuten

보다 sehen -> **본**다고 sagte/hörte, dass (Subjekt) sieht(e) / **보았다고** sah / **볼** 거라고 wird sehen/schauen

z.B.,) 철수가 영화를 **본**다고 / **보았다고** / **볼** 거라고 말했다.

Cheol-su sagte, dass er einen Film anschaut / angeschaut hat / anschauen wird.

날다 fliegen -> **난**다고 sagte/hörte, dass (Subjekt) fliegen/fliegt / **날았다고** flog / **날** 거라고 wird fliegen

z.B.,) 독수리가 하늘을 **난**다고 / **날았다고** / **날** 거라고 들었다.

Ich habe gehört, dass der Adler am Himmel fliegt / geflogen ist / fliegen wird.

먹다 essen -> **먹는**다고 sagte/hörte, dass (Subjekt) isst(e) / **먹었다고** aß / **먹을** 거라고 wird essen

z.B.,) 영희가 식탁 위의 햄버거를 **먹는**다고 / **먹었다고** / **먹을** 거라고 말했다.

Young-hee sagte, dass sie den Hamburger auf dem Esstisch isst / gegessen hat / essen wird.

예쁘다 ist hübsch -> **예쁘**다고 sagte/hörte, dass (Thema) hübsch ist / **예뻤다고** war hübsch /

예쁠 거라고 wird hübsch sein

z.B.,) 새로 나온 자동차가 **예쁘**다고 / **예뻤다고** / **예쁠** 거라고 들었다.

Ich habe gehört, dass das neu vorgestellte Auto hübsch ist / hübsch war / hübsch sein wird.

맵다 ist scharf ->

맵다고 (**nicht 맵는다고**) sagte/hörte, dass (Essen) scharf ist / **매웠다고** war scharf / **매울** 거라고 wird scharf sein

z.B.,) 김치 라면이 **맵다고** / **매웠다고** / **매울** 거라고 들었다.

Ich habe gehört, dass der Kimchi-Ramyon scharf ist / war / sein wird.

Ich habe gehört, dass
Oppa mich mag.

Und er sagte, dass er mich
auch jetzt noch mag!

Und er sagte, dass er mich
auch weiterhin mögen wird!

PRAXIS-QUIZ

Konvertieren Sie jedes der folgenden Verben / Adjektive ~(ㄴ/는)다고 / ~았/었다고 / ~ㄹ 거라고,
um etwas in den Formen Handlungspräsenz / Handlungsvergangenheit / Handlungszukunft anzugeben.

Schreiben Sie unter jeden Satz.

놀다 zu spielen

sagte, dass (Subjekt) spielt / sagte, dass (Subjekt) spielte / sagte, dass (Subjekt) spielen wird

더럽다 ist schmutzig

sagte, dass (Subjekt) schmutzig ist / sagte, dass (Subjekt) schmutzig war / sagte, dass (Subjekt) schmutzig sein wird

Antworten : 논다고 말했다. 놀았다고 말했다. 놀 거라고 말했다..
입는다고 들었다. 입었다고 들었다. 입을 거라고 들었다.
더럽다고 들었다. 더러웠다고 들었다. 더러울 거라고 들었다.

VERMUTUNG

~ㄹ/을 것 같다 / ~ㄴ/은 것 같다 / ~었던 것 같다

Füge **~ㄹ/을 것 같다** zum Verb / Adjektivstamm hinzu, um "scheint, als ob (Subjekt) wird (sein)" zu bedeuten.

Füge **~ㄴ/은 것 같다** zum Verbstamm hinzu, um "scheint wie (Subjekt) tat" zu bedeuten.

● * bei Adjektiven wird **~었던 것 같다** an den Verbstamm angehängt, um "denken (Subjekt) war" zu bedeuten.

보다 zu sehen -> **볼 것 같다** sieht so aus, als ob (Subjekt) einen Film sehen wird /

본 것 같다 sieht so aus, als ob (Subjekt) einen Film sieht / gesehen hat

z.B.,) 영희와 철수가 영화를 **볼 것 같다** / **본 것 같다**.

Es scheint, als würden Young-hee und Cheol-su einen Film sehen/gesehen haben.

날다 fliegen -> **날 것 같다** scheint, dass (Subjekt) fliegen wird / **난 것 같다** scheint, dass (Subjekt) geflogen ist

z.B.,) 독수리가 하늘을 **날 것 같다** / **난 것 같다**.

Es scheint, dass der Adler fliegen wird / in den Himmel flog.

먹다 zu essen -> **먹을 것 같다** scheint, dass (Subjekt) essen wirdt / **먹은 것 같다** scheint, dass (Subjekt) aß

z.B.,,) 소희가 식탁 위의 햄버거를 **먹을 것 같다** / **먹은 것 같다**.

Es scheint, als wird Sohee den Hamburger auf dem Esstisch essen / gegessen haben.

예쁘다 ist schön -> **예쁠 것 같다** scheint, als ob (Subjekt) schön sein wird / **예뻤던 것 같다** scheint schön

ADJ

z.B.,) 새로 나온 자동차가 **예쁠 것 같다** / **예뻤던 것 같다**.

Es scheint, als ob das neu vorgestellte Auto hübsch sein wird / Ich denke das neu vorgestellte Auto war hübsch.

맵다 ist scharf ->

매울 것 같다 scheint, dass (Essen) scharf sein wird / **매웠던 것 같다** scheint, dass das (Essen) scharf ist

z.B.,) 김치가 **매울 것 같다** / **매웠던 것 같다**.

Es scheint, dass Kimchi scharf ist / Ich denke das Kimchi scharf war.

Sieht es so aus, als ob ich
Erfolg haben werde?

Es sieht so aus, als hätten
Sie Erfolg!

ADJ Sieht es so aus, als ob Korea heiß sein wird?

Ja! Ich glaube, Korea war heiß!

PRAXIS-QUIZ

Füge ˜ㄹ/을 것 같다 zum Verb / Adjektivstamm hinzu, um "scheint, als ob (Subjekt) wird (sein)" zu bedeuten.
Füge ˜ㄴ/은 것 같다 zum Verbstamm hinzu, um "scheint wie (Subjekt) tat" zu bedeuten.
* bei Adjektiven wird ˜었던 것 같다 an den Verbstamm angehängt, um "denken (Subjekt) war" zu bedeuten.

놀다 zu spielen

______________________ (es) scheint, dass (Subjekt) spielen wird

______________________ (es) scheint, dass (Subjekt) gespielt hat

입다 tragen

______________________ (es) scheint, dass (Subjekt) tragen wird

______________________ (es) scheint als ob (Subjekt) getragen hat

더럽다 ist schmutzig

______________________ (es) scheint, dass (Subjekt) schmutzig sein wird

______________________ (Ich) denke, (Subjekt) war schmutzig

크다 ist groß

______________________ (es) scheint, dass (Subjekt) groß sein wird

______________________ (Ich) denke, (Subjekt) war groß

Antworten : 놀 것 같다. 논 것 같다 / 입을 것 같다. / 입은 것 같다. / 더러울 것 같다. / 더러웠던 것 같다. / 클 것 같다. / 컸던 것 같다.

BEDINGUNG / WENN

~(으)면, ~(ㄴ/는) 다면

Fügen Sie ~(으)면, ~ㄴ/는다면 zum Verb / Adjektivstamm hinzu, um "wenn ~ " zu bedeuten.

Zum Beispiel,

보다 zu sehen -> **보면** oder **본다면** wenn ich sehe/schaue

z.B.,) 금요일에 영화를 **보면** / **본다면** 어때요? Wie ist es, <u>wenn</u> wir am Freitag einen Film <u>anschauen</u>?

날다 fliegen -> **날면** / **난다면** wenn (Gegenstand) fliegen/fliegt

z.B.,) 독수리가 하늘을 **날면** / **난다면**? Was ist, <u>wenn</u> der Adler am Himmel <u>fliegt</u>?

먹다 essen -> **먹으면** / **먹는 다면** wenn (Subjekt) essen(isst)

z.B.,) 내가 이 햄버거를 **먹으면** / **먹는다면**, 살 찔까? <u>Wenn</u> ich diesen Hamburger <u>esse</u>, werde ich dann dick?

예쁘다 ist schön -> **예쁘면** / **예쁘다면** wenn schön

z.B.,) 자동차 디자인이 **예쁘면** / **예쁘다면**, 비쌀까? <u>Wenn</u> das Autodesign <u>hübsch</u> ist, wird es dann teuer sein?

맵다 ist scharf -> **매우면** / **맵다면** wenn es scharf ist

z.B.,) 너무 **매우면** / **맵다면**, 물을 좀 마셔요. <u>Wenn</u> es zu <u>scharf</u> ist, trinke etwas Wasser.

Wenn du die Antwort nicht kennst,

Du wirst die Antwort wissen,
wenn du fleißig lernst!

PRAXIS-QUIZ

Wandeln Sie die folgenden Sätze in Konditionalform um,
indem Sie entweder ~(으)면 oder ~(ㄴ/는) 다면 Ihrer Wahl verwenden.

놀다 zu spielen -> ______________________________ wenn (Subjekt) spielt(spielen)

입다 zu tragen -> ______________________________ wenn (Subjekt) trägt(tragen)

구르다 rollen -> ______________________________ wenn (Subjekt) rollt(rollen)

더럽다 schmutzig ist -> ______________________________ wenn (Subjekt) schmutzig ist

크다 ist groß -> ______________________________ wenn (Subjekt) groß ist

Antworten: 놀면 ODER 논다면 / 입으면 ODER 입는다면 / 구르면 ODER 구른다면 / 더러우면 ODER 더럽다면 / 크면 ODER 크다면

ZUR GLEICHEN ZEIT

~(으)면서 / ~며

Füge **~(으)면서 / ~며** zum Verb / Adjektivstamm hinzu, um "während ~ ing" zu bedeuten.

Zum Beispiel,

보다 sehen -> **보면서** oder **보며** beim Sehen / Beobachten

z.B.,) 영화를 **보면서** / **보며** 김밥을 먹었다.

(Ich) aß Kimbap, während ich einen Film sah.

날다 fliegen -> **날면서** / **날며** beim Fliegen

z.B.,) 독수리가 하늘을 **날면서** / **날며** 사냥을 했다.

(Ich) aß Kimbap, während ich einen Film sah.

먹다 Essen -> **먹으면서** / **먹으며** beim Essen

z.B.,) 라면을 **먹으면서** / **먹으며** 공부했다.

Ich habe gelernt, während ich Ramyon aß.

예쁘다 ist hübsch -> **예쁘면서** / **예쁘며** während es hübsch ist

z.B.,) 이 옷은 **예쁘면서** / **예쁘며** 가격도 싸다.

Diese Kleider sind billig, während sie hübsch sind. = Diese Kleider sind billig. Zur gleichen Zeit sind sie hübsch.

맵다 ist scharf -> **매우면서** / **매우며** während es scharf ist

z.B.,) 김치는 **매우면서** / **매우며**, 새콤하다.

Kimchi ist sauer, während es gleichzeitig scharf ist. = Kimchi ist sauer. Zur gleichen Zeit ist es aber auch scharf.

PRAXIS-QUIZ

Wandeln Sie die folgenden Sätze ins Präsens um, indem Sie entweder ~(으)면서 oder ~며 Ihrer Wahl verwenden.

놀다 zum Spielen -> _______________________ während des Spielens

입다 zu tragen -> _______________________ während des Gebens

구르다 rollen -> _______________________ während des Rollens

더럽다 ist schmutzig -> _______________________ während es schmutzig ist

크다 ist groß -> _______________________ während es groß ist

Antworten : 놀면서 ODER 놀며 / 입으면서 ODER 입으며 / 구르면서 ODER 구르며 / 더러우면서 ODER 더러우며 / 크면서 ODER 크며

BEINAHE / FAST

~ㄹ/을 뻔 했다

Füge **~ㄹ/을 뻔 했다** zum Verbstamm hinzu, um "fast / beinahe (tat)" zu bedeuten zum Adjektivstamm mit der Bedeutung "wäre/könnte gewesen sein"

Zum Beispiel,

보다 sehen -> **볼 뻔 했다** fast / fast sah/schaute (es)

z.B.,) 재미 없는 영화를 끝까지 **볼 뻔 했다**. (Ich) habe den langweiligen Film <u>fast</u> bis zum Ende <u>gesehen</u>.

날다 zu fliegen -> **날 뻔 했다** fast geflogen

z.B.,) 독수리가 놀라서 하늘로 **날 뻔 했다**. Der Adler wäre vor Überraschung <u>fast</u> in den Himmel <u>geflogen</u>.

먹다 zu essen -> **먹을 뻔 했다** beinahe / fast gegessen

z.B.,) 상한 음식을 **먹을 뻔 했다**. Ich habe <u>fast</u> verdorbenes Essen <u>gegessen</u>.

예쁘다 ist hübsch -> **예쁠 뻔 했다** könnte hübsch gewesen sein

z.B.,) 장식이 있으면 예쁠 뻔 했다. Es <u>hätte hübsch sein können</u>, wenn es ein Ornament gehabt hätte.

맵다 ist scharf -> **매울 뻔 했다** hätte scharf sein können

z.B.,) 고추장을 넣었으면 **매울 뻔 했다**. Es <u>hätte scharf sein können</u>, wenn ich Gochujang hinzugefügt hätte.

Ich wäre fast gestorben!

Ich bin fast eingeschlafen!

PRAXIS-QUIZ

Fügen Sie "~ㄹ/을 뻔 했다" zu den folgenden Verbstämmen hinzu, um "fast / beinahe (tat)" zu bedeuten und Adjektivstämme mit der Bedeutung "wäre / hätte sein können".

놀다 zu spielen -> _________________________ fast / beinahe gespielt.

입다 tragen -> _________________________ trug fast / hätte beinahe getragen (Kleidung).

구르다 rollen -> _________________________ fast / beinahe gerollt.

더럽다 ist schmutzig -> _________________________ wäre / hätte schmutzig sein können.

크다 ist groß -> _________________________ wäre / hätte groß sein können.

MACHEN / LASSEN / ERZWINGEN

~게 하다 / ~게 해 주다 / ~게 만들다

Füge **~게 하다** zum Verbstamm hinzu, um "machen (Subjekt) zu tun/zu sein" zu formulieren.

Füge **~게 해 주다** zum Verbstamm hinzu, um "lassen (Subjekt) zu tun/zu sein" zu formulieren.

Füge **~게 만들다** zum Verbstamm hinzu, um "(Subjekt) zwingen zu tun/zu sein" zu formulieren.

Zum Beispiel,

보다 zu sehen -> **보게 하다** machen (Subjekt) sehen/schauen **보게 해 주다** lassen (Subjekt) sehen/schauen

보게 만들다 zwingt (Subjekt) zu sehen/schauen

z.B.,) 선생님이 학생들이 공포영화를 **보게 하다** / **보게 해 주다** / **보게 만들다**

Der Lehrer <u>macht</u> / <u>lässt</u> / <u>zwingt</u> die Schüler, einen Horrorfilm <u>(zu) sehen</u>.

날다 zu fliegen-> **날게 하다** machen (Subjekt) fliegen **날게 해 주다** (Subjekt) fliegen lassen

날게 만들다 zwingen (Subjekt) zu fliegen

z.B.,) 독수리가 하늘로 **날게 하다** / **날게 해 주다** / **날게 만들다**

(Ich) <u>mache</u> / <u>lasse</u> / <u>zwinge</u> den Adler (dazu), in den Himmel zu fliegen.

먹다 manger ->

먹게 하다 machen (Subjekt) essen **먹게 해 주다** llassen (Subjekt) essen **먹게 만들다** zwingen (Subjekt) zu essen

z.B.,) 상한 음식을 **먹게 하다** / **먹게 해 주다** / **먹게 만들다**

(Ich) <u>mache</u> / <u>lasse</u> / <u>zwinge</u> (Subjekt) (dazu) verdorbene Lebensmittel <u>zu essen</u>.

BEFEHL	ERLAUBNIS	ZWANG

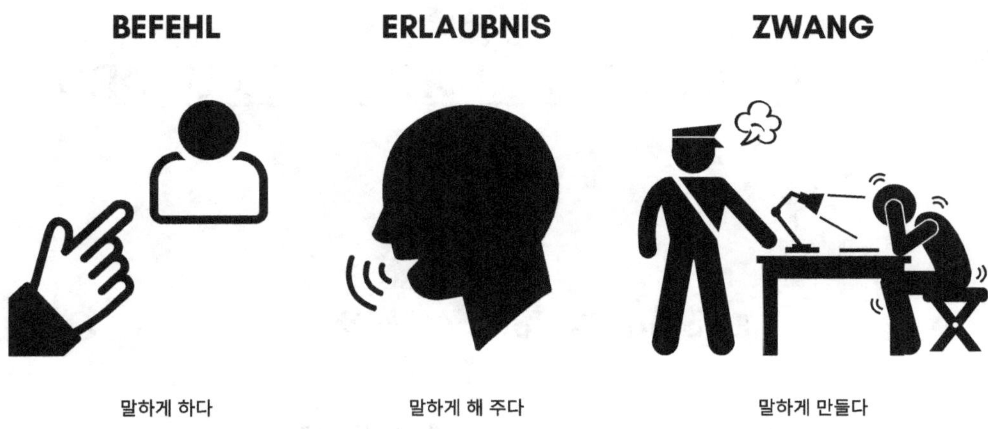

말하게 하다	말하게 해 주다	말하게 만들다

PRAXIS-QUIZ

Füge **~게 하다** zum Verbstamm hinzu, um "machen (Subjekt) zu tun/zu sein" zu formulieren.

Füge **~게 해 주다** zum Verbstamm hinzu, um "lassen (Subjekt) zu tun/zu sein" zu formulieren.

Füge **~게 만들다** zum Verbstamm hinzu, um "(Subjekt) zwingen zu tun/zu sein" zu formulieren.

놀다 zu spielen -> ______________________ (Subjekt) spielen lassen.

______________________ (Subjekt) spielen lassen.

______________________ (Subjekt) zum Spielen zwingen.

입다 zu tragen -> ______________________ machen (Subjekt) tragen.

______________________ llassen (Subjekt) tragen.

______________________ zwingen (Subjekt) zu tragen.

화나다 ist wütend -> ______________________ (Subjekt) wütend sein lassen.

______________________ lassen (Subjekt) wütend sein.

______________________ zwingt (Subjekt), wütend zu sein.

Antworten : 놀게 하다. 놀게 해 주다. 놀게 만들다. / 입게 하다. 입게 해 주다. 입게 만들다. / 화나게 하다. 화나게 해 주다. 화나게 만들다.

ANDERE GEBRÄUCHLICHE AUSDRÜCKE

Sobald / sofort : "-자마자"

먹다 – 먹자마자 sobald (Sie) essen 먹자마자 자면 안된다.

Es ist nicht gut, sofort zu schlafen, wenn man gegessen hat.

보다 – 보자마자 sobald (Sie) 보자마자 전화해! sehen! Rufen Sie mich an, sobald Sie (dies) sehen!

Zu wissen, wie man ~ㄹ/을 줄 안다

먹다 – 먹을 줄 안다 wissen, wie man isst 나도 랍스터 먹을 줄 안다. Ich weiß auch, wie man einen Hummer isst.

보다 – 볼 줄 안다 wissen, wie man sieht 지도를 볼 줄 안다. (Ich) weiß, wie man eine Karte sieht (liest).

Entscheiden ~기로 하다

먹다 – 먹기로 하다 beschließen zu essen 건강하게 먹기로 하다. (Ich) beschließe, gesund zu essen.

보다 – 보기로 하다 entscheiden, zu sehen 영화를 함께 보기로 하다. (Sie) entscheiden sich, zusammen einen Film zu sehen.

Um Erlaubnis / Zustimmung bitten : "-죠?"

먹다 – 먹죠? ? essen, nicht wahr? /richtig?

어린이들이 햄버거 많이 먹죠? Kinder essen viele Hamburger, richtig?

보다 – 보죠? ? sehen/schauen, nicht wahr? oder? 영화 많이 보죠? (Du) schaust viele Filme, nicht wahr?

예쁘다 – 예쁘죠? hübsch, nicht wahr? oder? 이 인형 예쁘죠? Diese Puppe ist hübsch, nicht wahr?

맵다 – 맵죠? scharf, nicht wahr? /richtig? 이 김치가 많이 맵죠? Dieses Kimchi ist sehr scharf, oder?

Um zu ~(으)려면

먹다 - **먹**<u>으려면</u> um zu essen 밥을 **먹**<u>으려면</u> 손을 씻으세요. Um eine Mahlzeit zu essen, waschen Sie sich bitte die Hände.

보다 - **보**<u>려면</u> um zu sehen/schauen 미래를 **보**<u>려면</u>, 책을 읽어라. 읽어라. Um die Zukunft zu sehen, lesen Sie ein Buch.

Es lohnt sich / lohnenswert ~ㄹ/을 만 하다

먹다 - **먹**<u>을 만 하다</u> Essen wert 이 음식은 **먹**<u>을 만 하다</u>. Dieses Essen ist es wert, gegessen zu werden.

보다 - **볼** <u>만 하다</u> lohnt sich zu sehen - zu schauen /sehenswert

이 영화는 **볼** <u>만 하다</u>. Dieser Film ist sehenswert. / Der Film ist es wert sich anzuschauen.

EHRERBIETUNGEN / EHRENTITEL

Im Koreanischen gibt es verschiedene Ebenen der Anrede (zwanglos/formal/ehrerbietig), die von der sozialen Hierarchie und der relativen Beziehung zwischen dem Sprecher und dem Zuhörer abhängen.

Gängige Beispiele für die Verwendung von Ehrbegriffen sind:

- - Student (niedrigerer Status) zu Lehrer (höherer Status)
- - Praktikant (niedrigerer Rang) zu CEO (höherer Rang)
- - Enkel (niedrigeres Alter) zu Großvater (höheres Alter)
- - Öffentliches Dokument / Bekanntmachung

In der Regel wird zwischen Personen gleichen Ranges/Status/Alters die zwanglose Anrede, zwischen Personen niedrigeren Ranges und Personen höheren Ranges die formale Anrede und zwischen jungen und älteren Personen die ehrende Anrede verwendet.

Im Allgemeinen können Ehrbezeugungen durch die Verwendung von **ehrenden Verben/Prädikaten** und **ehrenden Substantiven** gebildet werden. Schauen wir uns einige der häufigsten Beispiele an.

Koreanischen	Zwanglos	Formell	Ehrentitel
읽다 **zu lesen**	읽다	읽으시다	
가다 **zu gehen**	가다	가시다	
자다 **zu schlafen**	자다	주무시다	
있다 **anwesend sein/verfügbar sein**	있다	있으시다	계시다
아프다 **ist krank**	아프다	아프시다	편찮으시다
배고프다 **hungrig ist**	배고프다	배고프시다	시장하시다
먹다 **zu essen**	먹다	드시다	잡수시다

Wie Sie sehen können, gibt es vier Arten von ehrenden Verben/Prädikaten.

#Typ Nr. 1 – Wird durch Hinzufügen von ~(으)시다 zum Verb-/Prädikatstamm gebildet. Dies ist der häufigste Typ.

#Typ Nr. 2 – Wird ebenfalls durch Anhängen von ~(으)시다 an den Verb-/Prädikatsstamm gebildet, aber das Suffix unterscheidet sich von der Grundform.

자다 -> 자시다 (x) 주무시다 (o)

*Man kann sich dies als unregelmäßige Typen vorstellen.

#Typ Nr. 3 – Er folgt Typ Nr. 1, mit einem separaten Wort für den Ehrentitel.

z.B.,
있다 -> 있으시다 (Typ #1) -> 계시다 (separater Ehrentitel)
아프다 -> 아프시다 (Typ Nr. 1) -> 편찮으시다 (gesonderte Ehrung)
배고프다 -> 배고프시다 (Typ Nr. 1) -> 시장하시다 (gesonderte Bezeichnung)

#Typ Nr. 4 – Er folgt dem Typ Nr. 2, plus ein separates Wort für den Ehrentitel.
z. B. 먹다 -> 드시다 (Typ #2) -> 잡수시다 (separater Ehrentitel)

Nachdem wir uns nun die ehrenden Verben/Prädikate angesehen haben,
wollen wir nun die ehrenden Substantive lernen.

		Zwanglos	Formell	Ehrentitel
1	이름 Name	이름	성함	존함
	밥 Mahlzeit	밥	식사	진지
2	나이 Alter	나이		연세
	생일 Geburtstag	생일		생신

Wie bei den Verben/Prädikaten gibt es auch bei den Ehrbezeugungen mehr als eine Verwendungsart.

#Typ Nr. 1 ist, dass es für beiläufige / formelle / und ehrende Ebenen jeweils unterschiedliche Wörter gibt.

#Typ Nr. 2 ist, wenn zwanglos und formell dasselbe Wort verwenden, aber ein separates Wort für den Ehrentitel haben.

Eine sehr wichtige Regel bei der Verwendung von Ehrentiteln ist, dass man sie nie für sich selbst verwendet, sondern nur für jemand anderen.

MP3 〈74〉

Hier ist ein Beispiel.

> Cheol-su: 선생님, 점심 드셨어요? Frau Lehrerin, haben Sie zu Mittag gegessen?
> Le Professeur: 응. 점심 먹었어. 철수도 점심 먹었니? Ja, ich habe zu Mittag gegessen.
> Hast du auch zu Mittag gegessen, Cheol-su?
> Cheol-su: 네 선생님. 저도 점심 먹었습니다. Ja, Frau Lehrerin. Ich habe auch zu Mittag gegessen
> (= eine Mahlzeit gehabt).

Hier kann man sehen, dass Cheol-su, wenn er den Lehrer fragt,

Cheol-su spricht ihn mit dem ehrenden Verb 드셨어요 (Vergangenheitsform von 드시다 = 드시+었어요).

Beachten Sie nun, dass die Lehrerin mit 먹었어 antwortet, was die beiläufige Form ist, denn 드셨어요 für sich selbst zu verwenden, ist dasselbe wie sich selbst zu loben, was sehr unpassend klingt.
(z. B.: "Ja, ich bin es, der großartige Joe, der zu Mittag gegessen hat!")

Als die Lehrerin Cheol-su fragt, ob sie gegessen hat, verwendet sie das beiläufige 먹었니? weil der Zuhörer, Cheol-su, jünger ist und einen niedrigeren Status hat als die Lehrerin.

Schließlich antwortet Cheol-su der Lehrerin mit 먹었습니다,
der formellen höflichen Vergangenheitsform von 먹다.

PRAXIS-QUIZ

Füllen Sie die Lücken mit dem passenden Wort aus.

1. 내 친구 영희가 책을 ___________ Meine Freundin Young-hee liest ein Buch.
   a. 읽는다.   b. 읽으신다.   c. 읽쓰신다.   d. 읽으스신다.

2. 교수님께서 집에 ___________ Der Professor ist nach Hause gegangen
   a. 갔다.   b. 가었다.   c. 가였섰다.   d. 가셨다.

3. 할아버지께서 진지를 _________. Großvater aß eine Mahlzeit.
   a. 먹으셨다.   b. 드셨다.   c. 잡수셨다.   d. 드시셨다.

4. 공부 열심히 해라! 선생님께서 __________. Lernt fleißig! Sagte der Lehrer.
   a. 말했었다.   b. 말하셨다.   c. 말씀했다.   d. 말씀하셨다.

Ordnen Sie die folgenden Verben/Prädikate den korrekten formellen/ehrenvollen Formen zu.

Zwanglos	**Formell**	**Ehrentitel**
보다	가시다	
자다	아프시다	
말하다	읽으시다	
읽다	배고프시다	
입다	보시다	편찮으시다
아프다	입으시다	시장하시다
배고프다	노래하시다	잡수시다
가다	드시다	
노래하다	춤추시다	
춤추다	주무시다	
먹다	말씀하시다	

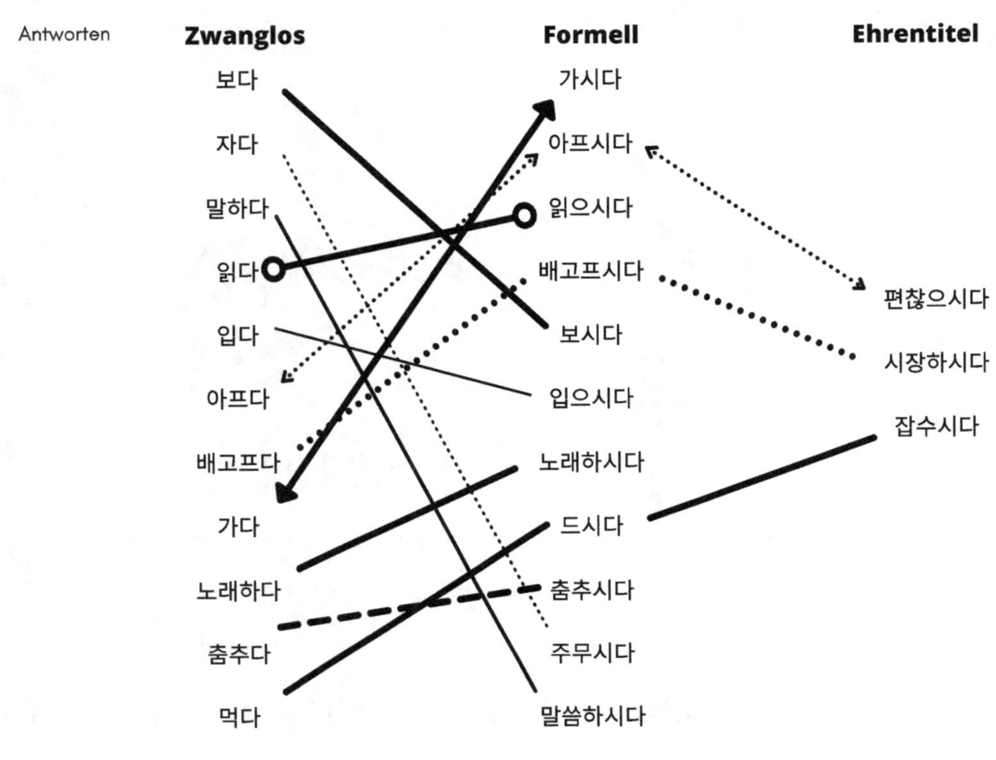